国家卫生健康委员会"十三五"规划教材配套教材

全国高等学校配套教材

供基础、临床、预防、口腔医学类专业用

有机化学实验

第 2 版

主　编　李柱来

副主编　燕小梅　顾生玖

编　者　(以姓氏笔画为序)

王　津 (福建医科大学)　　燕小梅 (大连医科大学)

牛　奔 (大连医科大学)　　罗美明 (四川大学)

刘雅如 (中国医科大学)　　何　炜 (空军医科大学)

李柱来 (福建医科大学)　　王全瑞 (复旦大学)

杨若林 (上海交通大学)　　徐　红 (贵阳医科大学)

张静夏 (中山大学)　　　　杨小钢 (武汉大学)

陆　阳 (上海交通大学)　　余　瑜 (重庆医科大学)

聂长明 (南华大学)　　　　李发胜 (大连医科大学)

顾生玖 (桂林医学院)

学术秘书　王　津 (兼)

人民卫生出版社

图书在版编目（CIP）数据

有机化学实验 / 李柱来主编. -- 2 版. -- 北京：人民卫生出版社，2018

全国高等学校五年制本科临床医学专业第九轮规划教材配套教材

ISBN 978-7-117-27046-5

Ⅰ. ①有… Ⅱ. ①李… Ⅲ. ①医用化学 – 有机化学 – 化学实验 – 医药院校 – 教材 Ⅳ. ①R313-33

中国版本图书馆 CIP 数据核字（2018）第 246661 号

人卫智网	www.ipmph.com	医学教育、学术、考试、健康，购书智慧智能综合服务平台
人卫官网	www.pmph.com	人卫官方资讯发布平台

有机化学实验

第 2 版

主　　编：李柱来

出版发行：人民卫生出版社（中继线 010-59780011）

地　　址：北京市朝阳区潘家园南里 19 号

邮　　编：100021

E - mail：pmph @ pmph.com

购书热线：010-59787592　010-59787584　010-65264830

印　　刷：三河市潮河印业有限公司

经　　销：新华书店

开　　本：787 × 1092　1/16　　印张：7

字　　数：184 千字

版　　次：2008 年 5 月第 1 版　　2018 年 12 月第 2 版

2024 年 2 月第 2 版第 2 次印刷（总第 8 次印刷）

标准书号：ISBN 978-7-117-27046-5

定　　价：18.00 元

打击盗版举报电话：010-59787491　E-mail：WQ @ pmph.com

（凡属印装质量问题请与本社市场营销中心联系退换）

前　言

本教材是根据国家卫生健康委员会规划教材《有机化学》(第 9 版)出版要求,对上版有机化学配套实验教材进行了修订,编写与主教材相配套的实验教材。

本教材由福建医科大学、上海交通大学医学院、大连医科大学、桂林医学院、南华大学、中山大学、空军军医大学、中国医科大学、四川大学、复旦大学、重庆医科大学和贵州医科大学联合编写。参与本书的编者都是具有多年有机化学实验教学经验的一线教师,为了适应医药卫生人才对技能的培养要求,在编写本教材过程中,他们参考了大量国内外同类教材,编写了本教材。教材的实验内容突出医学、药学特色,应用现代的实验技术和手段,注重有机化学与生物学、药学的结合,本着无毒、环保和实用的原则,力求能适应现代医学教育在知识结构和实验技能培养上的需要。

为了便于实验教学,本教材按照基本操作技术、物理常数测定、化学性质实验、制备性实验和综合性实验与绿色化学五个部分进行编排,在原有 28 个有机化学实验的基础上,增加二苯甲酮的绿色合成等 8 个实验内容。其中制备性实验包括有机合成和天然活性成分的分离提取;综合性实验将有机化学反应、合成、分离、提纯、物理常数测定和波谱鉴定等技能综合应用,有利于学生在有机化学方面的实践能力和思维能力的培养。各院校可根据本校的有机化学教学需要和本单位有机化学实验室的实际情况,在有机化学实验的安排中,对本教材提供的实验进行取舍。

计算机化学软件是当今绘制有机化合物结构的基本手段,同时也为有机物结构研究提供了新的平台。本教材将计算机模型作业选编为实验内容之一,使学生通过熟悉 ChemDraw 和 Chem3D 的基本操作掌握有机物结构的绘制和立体结构的观察基本方法。

本教材在每个实验前都列出了所需器材、药品和试剂以及与本实验相关实验试剂的配制方法,为实验室技术人员的实验准备工作带来便利。

本教材的实验内容均经过参编教师试做,具有可操作性。

本教材的编写和出版得到了参编院校领导的关心和支持,在此深表谢意。

限于编者水平,书中难免有不妥之处,诚请广大师生和读者批评指正。

主编
2018 年 6 月

目 录

第一章
有机化学实验基本知识

一、有机化学实验要求

基础理论来源于实践,又反过来指导实践,通过反复的理论学习和实践有助于将所学的知识融会贯通。有机化学实验是基于有机化学的基本理论和规律而设计的,并在教学实践中不断完善的一门实验科学。

有机化学实验教学的目的是让同学在认识、掌握有机化学基本理论知识的基础上了解、熟悉相应的实验方法,训练其有机化学的基本操作技能,培养他们仔细观察实验现象的习惯,加深对理论知识的理解。有机化学实验教学可以让同学们学会分析实验数据和结果,总结结论的方法,通过反复的理论和实验学习,达到对有机化学知识的深刻理解。

为了提高有机化学实验的效果,要求同学实验前认真预习实验内容,了解实验的目的、原理;实验中严格操作规程,仔细观察实验现象,尊重事实,及时地、简明扼要地、字迹清楚地记录各种观察的结果及数据,养成良好的实验习惯;实验结束后认真处理数据,从理论高度总结实验中观察到的现象和得到的结果,及时完成实验报告。

二、有机化学实验室规则

为了保证实验的正常进行和培养良好的实验作风,学生必须遵守下列实验室规则。

1. 实验的全过程应听从指导教师的指导。

2. 实验前做好准备工作,应先熟悉所需试剂的放置位置,并检查仪器是否完好无损,及时调换破损和故障的仪器。

3. 实验中应保持安静,并遵守秩序。实验进行时,严格按操作规程和实验步骤进行实验,操作要认真仔细,思想要集中,不得擅自离开实验室。合理安排实验的全过程,按时结束相关操作。

4. 注意安全,发生意外事故应及时采取应急措施,并立即报告指导老师。

5. 爱护仪器,注意节约水、电、煤气及消耗性药品。公用试剂、仪器用完后立即恢复待用状态,并归还原处。

6. 保持实验室的整洁。实验时做到桌面、地面、水槽、仪器四净,实验时产生的固体垃圾应投入废物缸中,不得丢入水槽。实验完毕应立即清洗仪器,整理桌面,关闭所用水、电、煤气。

7. 轮流值日。值日生的职责为整理公用仪器,打扫实验室,清倒废物缸,并协助实验室管理人员检查和关好水、电、煤气和门窗。

三、有机化学实验室的安全

实验室的安全不仅关系到公共财产的安全,而且关系到师生的健康和人身安全。实验室事故与工作人员(包括指导老师和学生)在安全管理和安全技术上的认识和技能密切相关。因此,要求学生在实验前熟悉实验内容、步骤,了解实验中使用的仪器、设备、药品、工具,掌握发生事故时的急救措施和紧急处理方法,是避免事故发生和处理发生事故的有效手段。一旦发生事故,要迅速冷静地处理事故。

(一)常见的易燃、易爆溶剂、试剂和有毒化学品的预防与处理

1. 易燃溶剂、试剂、气体　有机化学实验中常使用酒精、乙醚和丙酮等易挥发、易燃烧的溶剂和试剂,使用和处理这些溶剂和试剂时必须远离火源。一旦发生易燃溶剂、试剂着火,应保持镇静,立即关闭煤气,切断电源,迅速移开附近易燃物质。对出现的小火,可用湿布或黄砂盖熄,切勿用嘴去吹。有机溶剂、油浴等着火火势较大,应立即使用灭火器,切忌水浇。衣服着火时可用石棉布、麻袋或厚外衣裹灭,或卧倒在地滚灭,或用附近喷淋水龙头冲灭,切勿四处奔跑。

2. 易爆物　有些有机化合物(如:叠氮化物、过氧化物、干燥的重氮盐、硝酸酯、多硝基化合物等)具有爆炸性,使用这些化合物的实验必须严格按照操作规程进行。使用过氧化物时应注意勿与具有还原性的物质接触以避免燃烧或爆炸(如过氧化苯甲酰与衣服、纸张、木材等接触会引起燃烧),易燃有机物不能与某些强氧化剂如氯酸钾、浓硝酸、高锰酸钾等放在一起,它们接触后会发生激烈反应,引起燃烧或爆炸。有些有机化合物(如:共轭烯烃、乙醚和四氢呋喃等)久置后会生成易爆炸的过氧化物,须经特殊处理后才能应用,蒸馏这些化合物时切忌蒸干。金属钠、氢化铝锂等遇水会剧烈燃烧爆炸,在使用它们时切勿遇水,含水分较多的溶剂(如乙醚等)不宜直接用于干燥氢化铝锂。一些气体或蒸气(如:乙炔、乙醚等)与空气的混合物也会发生爆炸,因此在使用易燃气体(或产生易燃蒸气的溶剂)时,要保持室内空气畅通,严禁明火,并应防止一切火星(敲击或电器开关等产生的火花)的发生。在有机化学实验中,不能将药品随意混合,以免发生危险。

3. 有毒化学品　实验时,注意勿使有毒药品直接接触皮肤,必要时可戴手套,操作后应立即洗手。实验后,有毒残渣必须作妥善处理。可能生成有毒或有腐蚀性气体的实验,都应在通风橱内进行,或用气体吸收装置吸收产生的气体,使用后的器皿必须及时清洗。

煤气开关、煤气灯及其橡皮管在使用前应仔细检查,发生漏气时应立即熄灭火源,打开窗户,并立即通知有关人员进行检查和修理。

另外,实验仪器装置不正确或操作错误,有时也会引起爆炸。如常压蒸馏装置和回流装置必须与大气相通,切勿造成密闭体系,否则会发生爆炸。

(二)急救常识

1. 割伤　一般轻伤,先用消毒过的镊子取出玻璃碎片或固体物,再用蒸馏水洗净伤口,涂上红汞或碘酒,最后用创可贴包扎。大伤口则应立即用绷带扎紧伤口上部,以防止大量出血,急送医疗单位处理。

2. 烫伤　轻伤可涂以苦味酸药膏、蓝油烃等烫伤油膏;重伤涂以烫伤油膏后立即送医疗单位处理。

3. 试剂灼伤　酸、碱灼伤皮肤后,应立即用大量水冲洗,酸灼伤时还要用饱和碳酸氢钠溶液洗涤;碱灼伤时则可用10%醋酸溶液洗涤,最后用水把残余酸或碱洗净。苯酚灼伤皮肤后应立即用温水及稀酒精冲洗。液溴灼伤后,立即用大量水冲洗,再用酒精擦至无溴液为止,最后涂上甘油或烫伤油膏。

4. 试剂或异物溅入眼内　酸液溅入眼内,先用大量水冲洗,再用3%碳酸氢钠溶液冲洗,然后再用水洗涤。碱液溅入,则先用大量水冲洗,再用饱和硼酸溶液冲洗,后用3%碳酸氢钠溶液冲洗,

最后用水洗涤。溴液溅入时,处理同酸液溅入,但应立即送医疗单位处理。玻璃溅入,用镊子移去碎玻璃或在盆中用水洗,切勿用手揉动。

（三）废弃物的处理

化学废物处理途径:中和到 pH=6~8 的无毒的无机酸、无机碱及无机盐可以直接排放到城市下水道;一般有害有机酸、有机碱、溶剂必须分别放入酸、碱、有机溶剂回收桶内,集中处理;高活性化学品、爆炸品、强氧化剂、强还原剂不能与其他化学品混合,此类化学品分别盛于瓶中,单独处理。

药渣、废纸、火材梗等固体物不得随意乱扔或倒入下水道,必须放入指定容器,统一妥善处理以免污染环境、引起火灾或造成下水道的堵塞及腐蚀。

破损的玻璃仪器、废弃的毛细管和试剂、溶剂瓶等应放入专用回收容器,统一回收处理。

四、有机化学实验常用玻璃仪器(图 1-4-1)

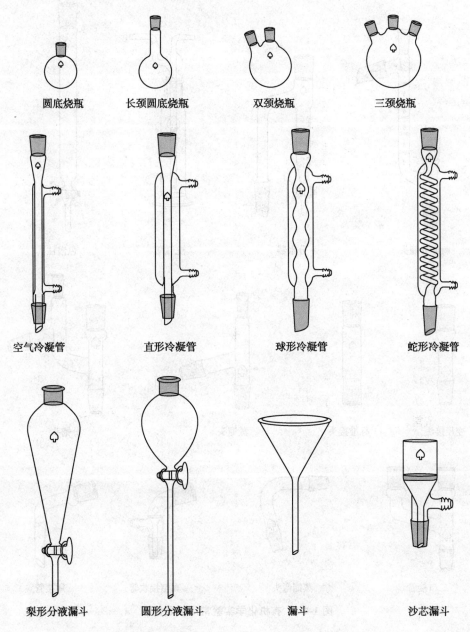

圆底烧瓶　　长颈圆底烧瓶　　双颈烧瓶　　三颈烧瓶

空气冷凝管　　直形冷凝管　　球形冷凝管　　蛇形冷凝管

梨形分液漏斗　　圆形分液漏斗　　漏斗　　沙芯漏斗

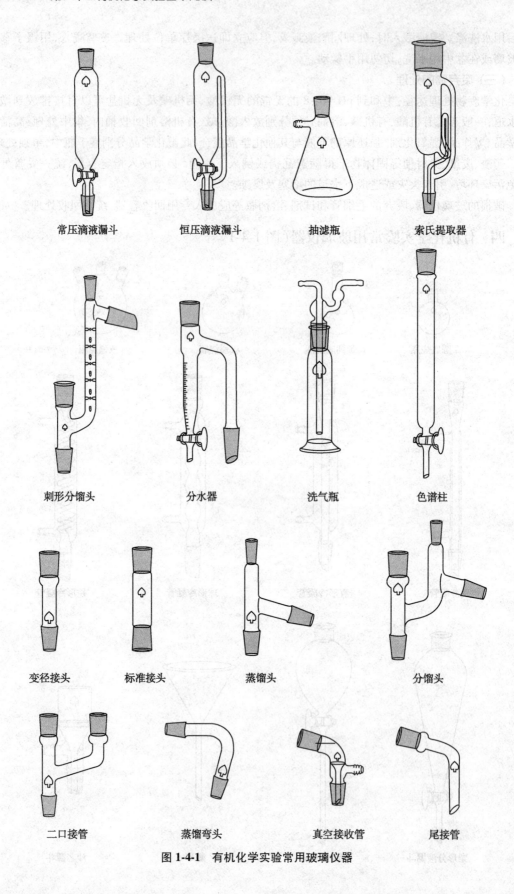

常压滴液漏斗　　　　恒压滴液漏斗　　　　抽滤瓶　　　　索氏提取器

刺形分馏头　　　　分水器　　　　洗气瓶　　　　色谱柱

变径接头　　　标准接头　　　蒸馏头　　　　分馏头

二口接管　　　　蒸馏弯头　　　　真空接收管　　　　尾接管

图 1-4-1　有机化学实验常用玻璃仪器

五、有机化学实验记录、报告的基本要求

实验数据记录以及实验报告的书写,贯穿科研活动全过程,是科学研究的原始资料,并为科学研究提供重要信息。培养学生养成良好的预习实验记录、报告习惯,对客观、及时和准确收集实验数据具有重要的意义。因此,学生在本课程开始时,必须认真地阅读本书第一部分有机化学实验的一般知识。在进行每个实验时,必须做好预习、实验记录和实验报告。

(一)预习

学生预习实验时要求反复阅读实验内容,领会实验原理,掌握有关实验步骤和注意事项等,并实验记录本上写好预习提纲,例如乙酰苯胺的制备的预习记录包括内容:

1. 实验目的
2. 实验原理(主反应和重要副反应的反应方程式)
3. 用流程图表示实验步骤

例如:

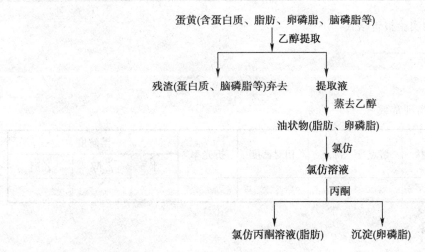

4. 正确而清楚地画出装置图
5. 原料、产物和副产物的物理常数;原料用量(单位:g,ml,mol),计算理论产量方法等

(二)实验记录

实验记录本应是一装订本,并编号页码。记录本按照下列格式做实验记录:

(1)空出记录本头几页,留作编目用。

(2)每做一个实验,应从新的一页开始。

(3)记录内容包括:试剂的规格和用量,仪器的名称、规格、牌号,实验的日期,实验所用去的时间,实验现象和数据。对于观察的现象应忠实地详尽地记录,不能虚假。若实验步骤有修改,则需详细记录。判断记录本内容的标准是记录必须完整,且组织得好和清楚,不仅自己现在能看懂,甚至几年后也能看懂,而且还使他人能看得明白。

(三)实验报告书写格式

实验操作结束后,总结进行的实验,分析实验中出现的问题,整理归纳结果,写出实验报告,是有机化学实验的重要步骤之一。写实验报告要如实记录填写,实验操作步骤要用精炼的文字、缩写或符号表达,决不照书抄。画实验装置图应准确。实验讨论的主要内容是实验成功或失败的原因,通过实验结果而得出的结论或规律,对实验存在的问题提出改进建议等。

1. 基本实验操作实验报告格式

(1)实验名称：_____

(2)实验目的

(3)仪器装置

(4)主要试剂

(5)操作步骤及现象

2. 有机化合物性质实验的实验报告格式

(1)实验名称：_____

(2)实验现象和解释

样品	试剂	现象	解释（反应式）

3. 有机合成实验的实验报告格式

(1)实验名称：_____

(2)实验目的

(3)反应原理

(4)原料与产物的物理常数

名称	分子量	性状	熔点	沸点	相对密度	折光率	溶解度		
							水	乙醇	乙醚

(5)操作步骤及现象

(6)实验装置图

(7)实验步骤及现象

(8)产品外观、重量、产率计算

(9)讨论

（李柱来　罗美明）

第二章
有机化学实验基本操作

一、玻璃仪器的洗涤及干燥

（一）仪器的清洗

在进行实验时,为避免杂质进入反应物中,必须使用清洁的玻璃仪器。最好在每次实验结束之后,立即清洗使用过的仪器。这样不但容易洗净,而且由于了解污物的性质,便于找出适当的方法处理残渣。如酸性残渣可用稀的氢氧化钠除去,碱性残渣可用稀盐酸或稀硫酸溶解除去。当不清洁的仪器放置一段时间后,常常会使洗涤工作变得困难。

1. 常用洗涤剂

有机化学实验室常用的洗涤剂包括:去污粉、洗衣粉、铬酸洗液、碱性洗液或合适的化学试剂。

2. 洗涤方法

刷洗:用长柄毛刷(试管刷)蘸取去污粉或者洗衣粉刷洗器壁,将玻璃表面的污物除去后,再用自来水冲洗干净,洁净的仪器倒置时,器壁应不挂水珠。洗涤过程中,不要用秃顶的毛刷,也不要用力过猛,以免戳破仪器。对于存有焦油状物质和炭化残渣的仪器,则需要用洗液。

洗液洗[1]:往玻璃仪器内加入少量洗液[2],将仪器倾斜并慢慢转动,让洗液在仪器内壁流动数圈,然后将洗液倒回原容器内,用自来水洗净仪器中的残留洗液。若玻璃仪器用洗液浸泡数小时,洗涤效果更好。

超声波清洗仪清洗:利用超声波震动除去污物。可清洗不适合洗液清洗的仪器。往超声波清洗仪(如图 2-1-1)内注入清水,加入少量洗涤剂,放入待清洗仪器,根据仪器的污秽程度确定超声仪清洗时间,最后用自来水将仪器漂洗干净。

用于某些特殊实验或供有机分析用的仪器,除用上述洗涤方法处理外,需再用蒸馏水清洗,以除去自来水冲洗时带入的杂质。

（二）仪器的干燥

根据实验要求的不同,可选用不同的干燥方法。

自然干燥:将清洗后的玻璃仪器倒置,或者倒插在玻璃仪器架上,室温条件下自然干燥。

图 2-1-1　超声清洗仪

对于一些需要无水操作的反应,仪器的干燥与否是实验成败的关键。这时仪器必须用烘箱干燥。

烘箱干燥[3]:将自然干燥的玻璃仪器,或经过清洗后的玻璃仪器倒置流去表面水珠后,送入烘箱(图2-1-2)于100~120℃烘1小时左右。待烘箱温度自然下降后,从烘箱中取出玻璃仪器。如需在烘箱温度较高时取出玻璃仪器,则应戴手套,取出的玻璃仪器应放置在石棉网上,自然冷却至室温。不要将温度较高的玻璃仪器与铁质器皿等直接接触,以免损坏玻璃仪器。

图2-1-2　烘箱

有机溶剂干燥[4]:急用仪器时可往体积小的仪器内放入少量乙醇或丙酮,然后转动仪器让有机溶剂在内壁流动,使壁上的水和有机溶剂混合互溶,然后将溶剂倒入回收瓶。用电吹风,先用冷风,再用热风至仪器完全干燥,最后用冷风吹去残余的蒸气,不使其冷凝在容器内。

注意事项

[1]洗液(又称铬酸洗液)的配置:在一个250ml烧杯内,将5g重铬酸钠溶于5ml水中,然后在搅拌下慢慢加入100ml浓硫酸。(注意,切勿将溶液倒入浓H_2SO_4中!)

[2]铬酸洗液对皮肤有很强的腐蚀性,使用时应注意安全。铬酸洗液呈红棕色,可反复使用,溶液变绿时失效。大量铬(Ⅲ)污染环境,强酸溶液会锈蚀管道,因此清洗残留在仪器上的铬酸洗液时,第一、二遍洗涤水应倒入废液缸内,不要倒入下水道。

[3]不能将有刻度的容量仪器如量筒、量杯、容量瓶、移液管、滴定管等放入烘箱内烘干,也不能将抽滤瓶等厚壁器皿进行烘干。有磨口的玻璃仪器如滴液漏斗、分液漏斗等,应将磨口塞、活塞取下,将其油脂擦去并经洗净后再烘干,因漏斗的活塞不能互换,烘干时不要配错。切忌将挥发、易燃、易爆物放入烘箱内烘烤。乙醇或丙酮等有机溶剂涮过的玻璃仪器,要待有机溶剂挥发净后才可放入烘箱,以免发生爆炸。

[4]有机溶剂易燃,使用时要远离明火。

二、简单玻璃加工操作

有机化学实验中玻璃加工操作包括各种角度玻璃管的弯制,测熔点用的毛细管的拉制,搅拌棒的制作和某些简单仪器的修补等。较熟练地掌握玻璃工基本操作是有机化学实验室的重要工作。

(一)玻璃管的洁净

根据实验要求对欲加工的玻璃管进行清洗,玻璃管内的灰尘,可用水冲净。如果管内附有油腻物,应用铬酸洗液浸洗,然后用水冲洗。对于较粗的玻璃管,可用两端缚有线绳的布条通过玻璃管来回抽拉,擦去管内脏物。制备熔点管等,因要求高,玻璃需用洗涤剂、洗液(或盐酸)洗涤,再用自来水冲洗,最后用蒸馏水洗净。洗后的玻璃管都要干燥。不可用火直接烤干,以免炸裂。

(二)灯具的使用

1. 煤气灯的使用　煤气灯是化学实验室中最常用的加热器具,式样虽多,但基本构造却是一致的(图2-2-1)。煤气灯主要由灯管和灯座两部分组成,灯管和灯座通过灯管下部的螺旋结构相连,灯管下部还有几个圆形的空气入口。通过旋转灯管可完全关闭或不同程度地开启空气入口,以调节空气的进入量。灯座侧面有一支管为煤气入口,接上橡皮管后与煤气阀门相连,将煤气引入灯内。灯座下面有一螺旋针阀,用以调节煤气的进入量。

点燃煤气灯的步骤为:(1)顺时针旋转灯管,以关闭空气入口;(2)擦燃火柴,先放于灯管口,打开煤气阀门,点燃煤气,调节煤气灯座侧面的螺旋针,使火焰保持适当高度;(3)旋转灯管,调节空气进入量,使煤气完全燃烧,形成淡紫色分层的正常火焰(图 2-2-2)。

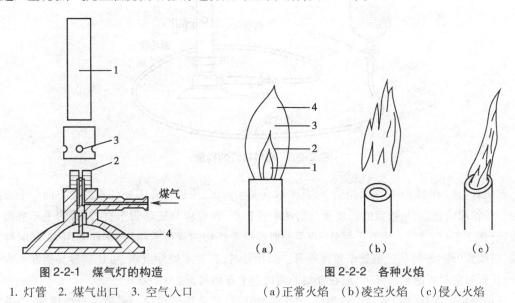

图 2-2-1 煤气灯的构造
1. 灯管 2. 煤气出口 3. 空气入口
4. 灯座螺丝

图 2-2-2 各种火焰
(a)正常火焰 (b)凌空火焰 (c)侵入火焰
1. 焰心 2. 还原焰 3. 最高温处 4. 氧化焰

当空气入口完全关闭时,点燃的煤气火焰呈黄色,煤气的燃烧不完全,火焰温度并不高。逐渐加大空气的进入量,煤气的燃烧就逐渐完全[1]。使用煤气灯时,如煤气和空气的进入量调节得不合适,则会产生不正常的火焰。如果煤气和空气的进入量都很大,则点燃煤气后火焰在灯管的上空燃烧,这样的火焰称为"凌空火焰",这种火焰将随点燃所用的火柴移去,自行熄灭。当煤气的进入量很小,而空气的进入量很大时,煤气将在灯管内燃烧,这时会听到特殊的嘶嘶声并看到一束细细的呈青色或绿色的火焰,这样的火焰称为"侵入火焰"。遇到这些不正常的火焰,应立即关闭煤气阀门,重新点燃和调节煤气。

2. 酒精喷灯的使用 酒精喷灯的构造(图 2-2-3)类似于煤气灯,只不过多了一个贮存酒精的空心灯座和一个燃烧酒精的预热盆。使用前,先在预热盆上注入酒精至满,然后点燃盆内的酒精,以加热铜质灯管。待盆内酒精将近燃完时,开启开关,这时由于酒精在灼热灯管内气化,并与来自气孔的空气混合,用火柴在管口点燃,即可得到温度很高的火焰。调节开关螺丝,可以控制火焰的大小。用毕,向右旋紧开关,灯焰熄灭。

应该注意,在开启开关、点燃以前,灯管必须充分灼烧,否则酒精在灯管内不会气化,会有液态酒精由管口喷出,形成"火雨",甚至会引起火灾。不用时,必须关好储罐的开关,以免酒精漏失,造成危险。

(三)简单玻璃工操作

1. 玻璃管的切割 所有待加工的玻璃管(棒)都应根据实验要求进行清洁和干燥。制作熔点管等用的玻璃管则需用洗涤剂、洗液(或硝酸、盐酸等)洗涤,再用自来水冲洗,最后用蒸馏水洗净并干燥,然后再进行加工。如果管内附有油腻物,应用铬酸洗液浸洗,然后用水冲洗。

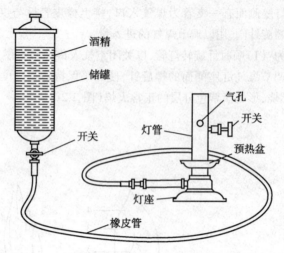

图 2-2-3   酒精喷灯的构造

玻璃管(棒)在加工时,左手持管,将其平放在实验台上,用锉刀在需要切割的地方向一个方向锉出一条稍深的锉痕[2],锉痕的长度要与管的半径相当,锉痕应与玻璃管垂直,握管的手不可离锉痕太远(图 2-2-4)。然后,用双手握管,两手的拇指顶着锉痕的背面的两边,稍向前用力,同时往左右拉,玻璃管(棒)即可从锉痕处平整地断开。折粗管时,在锉痕处涂点水,可比较容易折断。为了安全,折断时应尽可能远离眼睛,或在锉痕的两边包上布后再折。

在切割粗玻璃管(棒)或靠近玻璃管(棒)端部分时,可采用骤热法。另取一根玻璃棒,将玻璃棒一端稍稍拉细,将拉细的一端在煤气灯上灼烧成圆球珠状,呈赤红色时,趁热将这个赤热圆球珠由火中取出直接放在锉痕处压紧,玻璃管即可沿锉痕裂开。如只是部分断裂,可逐次用烧热的玻璃棒压融在裂痕稍前处,至完全断开。

断口处边沿锋利,必须在火中烧熔使其圆滑,熔烧时将管口在氧化焰中边烧边平回转动,直至管口平滑为止,切不可熔烧过久,否则管口收缩变小。

2. 弯玻璃管   玻璃管的质地有软硬之分,软质玻璃管加热时易软化,硬质的玻璃管则需要较强火焰才能软化。弯玻璃管时,两手平持玻璃管的两端,先将玻璃管在火焰中快速地左右移动和转动,使其在较大范围内受热,然后将要弯曲的位置放在煤气灯的氧化焰中边转动边加热,使玻璃管均匀受热。为了扩大加热范围,可将玻璃管斜放入氧化焰中(或在灯管上套一个鱼尾灯头)。当玻璃管软化可以弯动时,离开火焰,两手水平持管,轻轻向中心用力,使其在重力下向下弯曲。如果要弯成较小的角度,需分几次进行,先弯成大的角度,再加热玻璃管,此时受热部分应稍有偏移,经过几次重复操作,即可弯成所需角度,每次弯管不可用力过猛,否则会在弯曲处出现瘪陷。弯好的玻璃管应在同平面上,弯曲部分为圆弧形(图 2-2-5)。此外,还经常出现弯管的内侧凹进去的现象,遇此情况时,可将凹进的部位在煤气灯上加热烧软,用手封住一端(或事先用塞子塞住),用嘴吹气直到凹进去的部位变平滑为止。

在弯好的玻璃管已经变硬但尚未冷却时,将其放在弱火焰上微微加热一会儿,然后将玻璃慢慢移离火焰,再放在石棉网上冷却至室温,这叫退火处理。否则,玻璃管(棒)因急速冷却,内部产生很大的应力,使玻璃管立即开裂,或是日后容易破裂。

3. 拉制玻璃滴管   将一根干燥洁净直径为 5~6mm、长度为 15cm 的玻璃管,先用小火烘烤以防止玻璃管遇强热发生爆裂,然后慢慢加大火焰,并不断地转动玻璃管,使受热均匀。一般习惯用

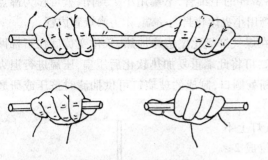

图 2-2-4　折断玻璃管

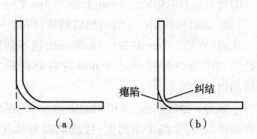

图 2-2-5　加工成的玻璃弯管

（a）正确的弯管（圆角）　（b）不正确的弯管（死角）

左手握玻璃管转动，右手托住（图 2-2-6）。当玻璃管开始变软时，托玻璃管的手也要随着以相同速度同方向同轴转动，防止烧软的部分扭曲。待加热玻璃管发黄变软后，从火焰中取出，左右手以同样速度使管边转动边拉伸，拉伸时先轻拉，后用力拉，直至拉成所需要的细度，拉成的细管和原管必须在同一轴线上。待玻璃管变硬后停止旋转，放在石棉网上冷却，然后用小磁片在拉细的合适位置截断，并在小火的边缘处将管口烧圆。玻璃管粗的一端在大火中加热至发黄变软，在石棉网上垂直按一下，使其边缘突出，冷却后套上乳胶头，这样就制成了两根滴管。

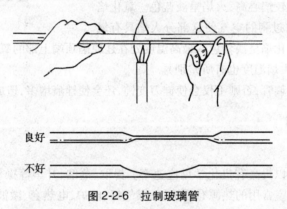

良好

不好

图 2-2-6　拉制玻璃管

4. 拉制毛细管　取一根直径 8~12mm、壁厚为 1mm 的玻璃管，双手斜拿玻璃管于适当处，放在煤气灯的火焰上加热，火焰由小到大，烧时不断转动玻璃管。当烧至发黄变软时，离开火焰趁热沿水平向两边拉开。开始拉时要慢些，然后再较快地拉长，同时双手改握玻璃管沿着同一方向来回转动（图 2-2-7），以保证毛细管仍保持圆形，否则容易拉成扁管。为了防止中间拉得太细，而两头又太粗，当中间的最细处拉至直径约为 1mm 时，可稍稍停顿一下，以便使中间最细处冷却硬化，再拉时不致变得更细，然后再继续快速向两边拉开，可将尚未硬化的粗处拉细，这样即可得到长而均匀，粗细合适的毛细管。拉好后将玻璃管平放在桌面上，并在两端的玻璃管下面垫上石棉网，冷却后用小磁片或锉刀把毛细管截成 5~6cm 的毛细管段，将毛细管的一端在煤气灯的弱火焰边沿处不断地来回转动，使毛细管封口，即得熔点管。

图 2-2-7　拉制熔点毛细管

制沸点管时将一根内径为 3~4mm、长度为 7~8cm 的毛细管,下端用小火封闭,就可作为沸点管的外管。另取内径约 1mm、长度约 5cm 的毛细管用小火熔化封闭一端,作为沸点管内管。

5. 玻璃钉的制备　取一根玻璃棒,将其一端在煤气灯氧化焰边缘加热,软化变黄后在石棉网上压扁(直径 1.5cm 左右)。如果一次达不到要求,可将此端重复加热软化后压扁,压扁进行退火处理,以防冷却爆裂,然后于 6cm 左右处截断,截断处圆口,制成的玻璃钉可供抽滤时挤压或研磨样品用。

取另一根玻璃棒,以相同的方法拉制,在煤气灯上不断旋转加热,火焰由小到大,待玻璃发黄软化后拉成 2~3mm 的玻璃棒。然后自玻璃棒开始变细处量取 6cm 截断,将粗的一端在氧化焰边缘用大火烧软,在石棉网上按一下,就成了玻璃钉(图 2-2-8)。此玻璃钉作为过滤少量固体时的玻璃钉漏斗使用。

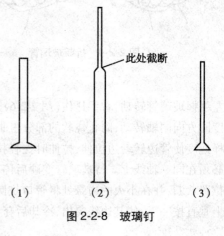

此处截断

（1）　　　（2）　　　（3）

图 2-2-8　玻璃钉

注意事项

[1] 此时火焰分为三层:焰心(内层):煤气和空气的混合物,未燃烧,温度较低。还原焰(中层):煤气不完全燃烧,并分解出含碳的产物,故这部分火焰具有还原性,称为还原焰。还原焰温度较焰心高,火焰呈淡蓝色。氧化焰(外层):煤气完全燃烧,过剩的空气使这部分火焰具有氧化性,故称为氧化焰,氧化焰呈淡紫色。最高温度处在还原焰顶端上部的氧化焰中,温度约为 800~900℃(煤气组成不同,火焰温度也有所差别)。

[2] 不能来回锉玻璃管,否则不仅会使锉刀变钝,还会使锉痕增多,造成断面不整齐。

三、加热与冷却

（一）加热

对反应体系加热可以提高有机化学反应速率。提取、蒸馏、升华等操作以及某些物理常数的测定常需要加热。实验室常用的热源有酒精灯、煤气灯、电炉、电热套、微波炉、电磁炉等。加热的方式有直接加热和间接加热两种。直接加热常用酒精灯、煤气灯、电炉作热源,使用这些热源加热属于明火加热,出于安全的考虑,有机化学实验通常不推荐采用此加热方式。间接加热是指通过传热介质传热浴的加热方式。间接加热具有受热均匀,受热面积大,温度可控和非明火等优点,间接加热是有机实验室常用的加热方式。通常,有机化学实验应根据反应性质和反应要求选用适当的间接加热方法。

1. 石棉网上加热　把石棉网放在三角架、铁环或电炉上,加热热源放在石棉网下面,被加热的玻璃仪器在石棉网上,通常被加热的玻璃仪器(如烧瓶)与石棉网之间留有空隙,以避免由于局部过热使有机物分解或玻璃仪器因受热不均匀而破裂。这种加热属于明火加热,适用于高沸点不易燃烧的物质,加热低沸点物质不用这种加热方式。

2. 水浴加热　加热温度在 80℃ 左右时,可选用水浴(water baths)加热。采用水浴加热时,被加热的容器应部分浸在水中,水浴液面应略高于容器内的液面,注意勿使容器接触水浴底部。加热过程中,应注意调节火焰的大小,把水温控制在需要的范围以内。如果需要长时间加热,可选用温控性能较好的电热恒温水浴箱(锅)。

3. 油浴加热　加热温度在 90~250℃ 时,可以用油浴(oil baths)。油浴的优点是受热均匀,温度容易控制,适用的加热温度范围较宽(高),加热过程中不产生水蒸气等。采用油浴加热时,油浴的温度一般比反应的温度高 20℃左右。油浴所能达到的最高温度取决于所用油的品种,油浴常用的油类有甘油、食用油、液体石蜡和硅油。若在植物油中加入 1%的对苯二酚,可增加油在受热时的稳定性。甘油和邻苯二甲酸二丁酯的混合液适合于加热到 140~180℃,温度过高则分解。甘油吸水性强,放置过久的甘油,使用前应先蒸去吸收的水分。液体石蜡可加热到 220℃,温度再提高,则易燃烧。固体石蜡可加热到 220℃以上,其优点是室温时为固体,便于保存。硅油和真空泵油在 250℃以上时较稳定,但由于价格贵,一般实验室较少使用。

采用油浴加热时,油浴中应悬挂温度计,以便随时控制热源温度。用油浴加热时,要特别当心,防止着火。当油的冒烟情况严重时,即应停止加热。油浴所用的油中不能溅入水,否则加热时会产生泡沫或爆溅伤人。

4. 沙浴加热　如加热温度在 200℃以上,可用沙浴。沙浴一般用铁盘装细沙,将容器半埋在沙中加热,容器底部的沙层要薄些,使容器易受热,而容器周围的沙层要厚些,使热不易散失。沙浴的缺点是沙对热的传导能力较差,沙浴温度分布不均,散热快,且不易控制,所以较少使用。

5. 电热套加热　电热套(heating mantle)采用耐高温的玻璃纤维做绝缘材料,电热元件被包裹于该绝缘材料层内。电热套可对烧瓶、锥形瓶等玻璃仪器加热、蒸馏。电热套与调压变压器结合可任意调节加热的程度。由于电热套加热避免了明火,不易着火,使用十分方便和安全,所以在有机实验室得到广泛应用。

微波炉、电磁炉属于非明火热源,使用安全可靠,是值得关注的新加热方式。

（二）冷却

对反应体系冷却是有机实验室常用的操作手段。有些有机反应要求在低温下进行,而有些放热反应需要冷却,以避免因反应过程中温度急剧上升而导致副反应,甚至引起爆炸等事故。有时为了降低物质在溶剂中的溶解度或加速结晶析出,也需要进行冷却。最简单的冷却方法是将盛有反应物的容器浸入冷却剂中。常用的冷却方法有以下几种。

1. 冰水冷却　低于室温条件下的反应,则可用水和碎冰的混合物作冷却剂,它的冷却效果比单用冰块高,因为冰水能和容器更好地接触。如果水的存在并不妨碍反应的进行,则可以把碎冰直接投入反应物中,这样能更有效地保持低温。

2. 冰盐冷却　如果需要冷却的温度在 0℃以下时,常用碎冰(或雪)和无机盐的混合物作冷却剂。制冰盐冷却剂时,应把盐研细,然后和碎冰(或雪)按一定比例均匀混合(混合比例参见表 2-3-1)。

在实验室中,最常用的冷却剂是碎冰和食盐的混合物,它实际上能冷却到 -18~-5℃的低温。

表 2-3-1　冰盐冷却剂的混合比例

盐类	100 份碎冰(或雪)中加入盐的重量份数	混合物能达到的最低温度(℃)
NH_4Cl	25	-15
$NaNO_3$	50	-18
$NaCl$	30	-20
$CaCl_2 \cdot 6H_2O$	100	-29
$CaCl_2 \cdot 6H_2O$	143	-55

3. 干冰冷却　干冰(dry ice)固态二氧化碳,为白色晶体;熔点-56.6℃,密度 1.56g/cm³(-79℃)。在室温下,将二氧化碳气体加压到约 101 325Pa,然后冷却到-56℃左右,一部分蒸气就会冻结成雪花伏的固态二氧化碳。固态二氧化碳的汽化热很大,在常压下气化时可使周围温度降到-78℃左右,并且不会产生液体,所以叫"干冰"。常见的干冰呈块状或丸状。干冰主要用做制冷剂。在实验室里,干冰与一种挥发性液体(如乙醚、丙酮或三氯甲烷等)组成的混合物,可形成-77℃左右的低温浴。这种冷却剂应存放在杜瓦瓶(广口保温瓶)中或其他绝热效果好的容器中,以保持其冷却效果。使用干冰时工作人员必须戴保暖手套,以防止冻伤。

四、干燥

干燥是有机化学实验室常用的基本操作之一。制备实验得到的有机化合物通常需要测定其物理常数(如测定其沸点、熔点、折光率等),为确保测定结果的准确性,一般需要先对样品进行干燥处理,除去其中的少量水分。液体有机物在蒸馏前也应进行干燥处理,以减少前馏分,提高收率。有时可通过干燥破坏某些液体有机物与水形成的共沸混合物。许多有机反应需要在"绝对"无水的条件下进行,不但所有的原料及溶剂需要干燥,而且还要保证反应体系的充分干燥,防止空气中的湿气进入反应容器中,如在 Grignard 试剂的制备实验中,试剂干燥与否是决定实验成败的关键。因此在有机化学实验中,保持试剂和产品的干燥十分重要。

(一)液体的干燥

根据作用原理不同,干燥方法可分为物理干燥法和化学干燥法。

1. 物理干燥法　物理干燥法有吸附、分馏、共沸蒸(分)馏等。常用的吸附剂有分子筛、离子交换树脂等。

离子交换树脂是一种不溶于水、酸、碱和有机溶剂的高分子聚合物,可制成细小的球状粒子,内有很多空隙,能吸附水分子。吸附水分子的树脂在加热至150℃以上时,吸附的水分可释出,重新恢复吸附功能,可循环使用。

分子筛是多水硅铝酸盐的晶体,因取材及处理方法不同有若干类型和型号,晶体内部有许多与外界相通的、孔径大小均一的孔道和大量的孔穴,它允许直径小于孔径的分子进入,而把体积大的分子阻于其外,从而达到将不同大小的分子"筛分"的目的。选用合适型号的分子筛,浸入待干燥的液体中,密封放置一定时间后分离,可除去液体中的少量水分或其他溶剂(如表 2-4-1)。吸附水分子后的分子筛可经加热解吸活化后,重新使用。分子筛干燥的主要优点是选择性高,干燥效果好,可在 pH 5~10 的介质中使用。

表2-4-1　常用分子筛的吸附作用

类型	孔径/nm	能吸附分子	不能吸附分子
3A	0.32~0.33	H_2、N_2、O_2、H_2O	C_2H_2、C_2H_4 CO_2、NH_3 及更大分子
4A	0.42~0.47	CH_3OH、C_2H_5OH、CH_3NH_2、CH_3Cl、CH_3Br、C_2H_2、CO_2、He、Ne、CS_2、NH_3、可被 3A 吸附的分子	
5A	0.49~0.55	C_3~C_{14}直链烷烃、C_2H_5Cl、C_2H_5Br、能被4A吸附的物质	$(n\text{-}C_4H_9)_2NH$
13X	0.90~1.0	直径小于1nm 的各种分子	$(C_4H_9)_3N$

2. 化学干燥法　化学干燥法是将干燥剂直接加入到待干燥的液体中,利用干燥剂与液体中的水分发生作用而除去水分达到干燥目的。按其作用原理可将干燥剂分成两类:第一类干燥剂(如无水氯化钙、无水硫酸镁等)能与水可逆地结合,生成含不同结晶水的化合物,其干燥容量较大,干燥效能弱,在蒸馏前应将干燥剂滤除。第二类干燥剂(如金属钠、五氧化二磷、氧化钙等)与水发生不可逆化学反应,其特点是干燥容量很小,干燥效能很高,干燥后不必滤除,直接蒸馏液体有机物。目前有机化学实验室常选用第一类干燥剂。

(1)干燥剂的选择:干燥液体有机化合物时,通常只需将适量的干燥剂与液体有机化合物充分混合,使干燥剂与液体有机化合物中的水发生作用而除去水。因此,所选的干燥剂必须对被干燥成分是化学稳定的,且不溶于液体有机物。例如,氯化钙易与醇类、胺类形成配合物,因而不能用氯化钙干燥这些化合物;强碱性干燥剂(如氢氧化钾、氢氧化钠)能催化某些醛类或酮类发生缩合、自动氧化等反应,也能使酯和酰胺发生水解反应,因此不能用于这些物质的干燥;氢氧化钾、氢氧化钠能显著地溶于低级醇中,使用时应加以注意。适宜各类有机物使用的常用干燥剂见表 2-4-2 所示。

表 2-4-2　各类有机化合物常用干燥剂

化合物类型	干燥剂
烃	$CaCl_2$、Na、P_2O_5
卤代烃	Na_2SO_4、$MgSO_4$、$CaCl_2$、CaH_2、P_2O_5
醇	Na_2SO_4、$MgSO_4$、K_2CO_3、CaO、Mg
醚	$CaCl_2$、Na、P_2O_5
醛	Na_2SO_4、$MgSO_4$
酮	Na_2SO_4、$MgSO_4$、K_2CO_3、$CaCl_2$
酸、酚	Na_2SO_4、$MgSO_4$
酯	Na_2SO_4、$MgSO_4$、K_2CO_3
胺	K_2CO_3、CaO、$NaOH$、KOH

使用干燥剂时,还要考虑干燥剂的吸水容量和干燥效能。吸水容量是在一定温度下单位重量的干燥剂所能吸收水的最大量;干燥效能是指干燥剂的可逆水合反应达到平衡时液体的干燥程度,它常用平衡时结晶水的蒸气压来表示。例如,硫酸钠遇水能形成 10 个结晶水的水合物,其吸水容量达 1.25,而氯化钙最多能形成 6 个结晶水的水合物,其吸水容量为 0.97。两者在 25℃时结晶水的蒸气压分别为 0.26kPa 和 0.04kPa。因此,硫酸钠的吸水量较大,但干燥效能差;而氯化钙的吸水量较小,但干燥效能强。干燥液体有机化合物的原则是:先用吸水量大的第一类干燥剂除去液体有机化合物中大部分的水,然后再用干燥效能强的第二类干燥剂彻底干燥液体有机化合物。

(2)干燥剂的用量:根据水在液体有机化合物中的溶解度可估算其最大含水量,根据干燥剂的吸水容量和液体化合物需要干燥的程度,可估算所需要干燥剂的最低需用量,而干燥剂的实际用量往往是其最低需用量的数倍。一般对于含亲水基团的(如醇、醚、胺等)化合物,干燥剂过量要多些,不含亲水基团的化合物(如烃、卤代烃等)可过量少些。当然,干燥剂也不宜使用过多,因为干燥剂也会吸附一部分被干燥成分,造成不必要的损失。一般每 10 毫升待干燥液体加入 0.5~1 克干燥剂,但在实际操作中,干燥剂用量主要靠个人经验来判断。通常采用"少量多次,分批加入"的方法加干燥剂。在加了一定量的干燥剂30分钟后,观察,若干燥剂附着瓶壁,相互粘结成块状,晶体棱角模糊,说明干燥剂的用量不足,需继续补加干燥剂。干燥剂加入前后,有时可观察到液体有机物由混浊变为澄清,应该说明,澄清与否除了说明液体有机物的含水量外还与水在该液体有机化合物中的溶解度有关,澄清并不一定说明它不含水。

温度对干燥剂效能影响大。温度越高,水的蒸气压越大,第一类干燥剂的效能越低,因而这种干燥剂常在室温下应用,在蒸馏前必须将干燥剂滤除;温度能加速化学反应,温度越高,第二类干燥剂的吸水作用越强,因而使用第二类干燥剂时常需要加热回流来提高干燥效果。

干燥的时间对干燥的效果影响也很大。第一类干燥剂与水的反应常是多步连续的可逆反应,这些反应在室温下达到平衡需要较长的时间,因此常需要将其与液体有机物的混合物长时间(如过夜)均匀混合放置。使用第二类干燥剂时,常将其与液体有机物加热回流30分钟以上,然后蒸馏出液体有机物,剩余的干燥剂可以连续使用。

操作步骤与要点:①首先尽可能除净被干燥液体有机物中的水分,不应有任何可见的水层或悬浮水珠;②把待干燥的液体有机物放入锥形瓶中,取颗粒大小合适的干燥剂(如黄豆粒大小并不夹带粉末的无水氯化钙)放入液体有机物中,盖住瓶口,静置过夜;③把干燥好的液体有机物滤入蒸馏瓶中,蒸馏。

(二)固体有机化合物的干燥

干燥固体有机化合物,主要是为除去残留在固体中的少量低沸点溶剂(如水、乙醚、乙醇、丙酮、苯等)。由于固体有机物的挥发性比溶剂小,所以可采取蒸发和吸附的方法来达到干燥的目的。干燥固体有机物的方法很多,需根据所含溶剂和固体有机物的性质来选择,常用的干燥方法有以下几种:

1. 室温晾干　将样品平铺在表面皿或滤纸上,再用滤纸覆盖以免灰尘玷污,于室温下放置。该法适用于对热稳定性较差且不易吸潮的固体有机物或吸附易燃和易挥发的溶剂(如乙醚、石油醚、丙酮等)的结晶。

2. 加热烘干　对热稳定的化合物,可将其在低于其熔点的温度下加热干燥。实验室常用的加热烘干设备有红外灯、恒温烘箱等。在烘干过程中,要注意控制温度并经常翻动固体。另需注意,由于溶剂的存在,结晶的熔点可能降低很多,因此必须注意控制加热的温度。

3. 干燥器干燥　对于热稳定性差或易吸湿的固体,可采用干燥剂在干燥器(真空)中干燥。此时,干燥剂与被干燥固体互不接触,固体中的水分或溶剂逐渐蒸发,并被干燥剂吸收。因此应选择能吸收样品中所含溶剂的干燥剂,如氧化钙可吸水或酸,五氧化二磷可吸水等,表2-4-3列出了干燥器中常用的干燥剂。

表2-4-3　干燥器常用干燥剂

干燥剂	可吸收的溶剂
石灰	水、醋酸等
无水氯化钙	水、醇
固体氢氧化钠	水、醋酸、氯化氢、酚、醇
浓 H_2SO_4	水、醋酸、醇
五氧化二磷	水、醇
石蜡片	醇、醚、石油醚、苯、甲苯、氯仿、四氯化碳
硅胶	水

普通干燥器(图 2-4-1)为一磨砂口密封的容器,干燥剂放在底部,被干燥固体内置于瓷盘上。

真空干燥器(图 2-4-2)与普通干燥器相似,只是顶部有带活塞的导气管,可接真空泵抽真空,干燥效率较普通干燥器好。

真空恒温干燥器(干燥枪)(如图 2-4-3),适用于其他干燥方法不能达到干燥要求的样品。其优点是干燥效率高,但只能干燥少量样品。

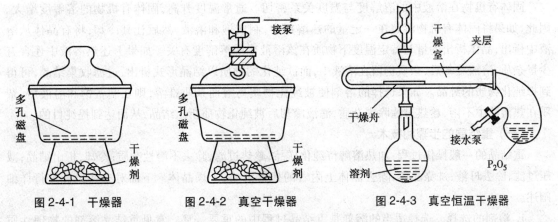

图 2-4-1　干燥器　　　　　图 2-4-2　真空干燥器　　　　图 2-4-3　真空恒温干燥器

4. 真空冷冻干燥　真空冷冻干燥技术是将干燥固体有机化合物的溶液在 $-50 \sim -10℃$ 下冻结成固态,然后在真空($1.3 \sim 13 Pa$)下使其中的水分不经液态直接升华成气态,最终使固体有机化合物脱水的干燥技术。

由于真空冷冻干燥在低温、低压下进行,而且水分直接升华,因此具有许多特殊的性能。如真空冷冻干燥技术对热敏性物质亦能比较彻底脱水,且经干燥的产品十分稳定,便于长时间贮存。由于固体有机化合物的干燥在冻结状态下完成,与其他干燥方法相比,固体有机化合物的外观形态较好。在真空冷冻干燥过程中,产物不存在表面硬化问题,且其内部形成多孔的海绵状,因而具有优异的复水性,可在短时间内恢复干燥前的状态。由于干燥过程是在低温低压下进行,因此有效地抑制了热敏性物质发生生物、化学或物理变化,并较好地保存了固体有机化合物的色泽。

（三）气体的干燥

在有机实验中常用气体有 N_2、O_2、H_2、Cl_2、NH_3、CO_2,有时要求除去气体中的 CO_2、H_2O 等,则气体使用前要进行干燥;有时在进行反应或蒸馏无水溶剂时,为避免空气中水汽的侵入,也需要对进入反应系统或蒸馏系统的空气进行干燥。

气体的干燥方法有冷冻法和吸附法两种,冷冻法是使气体通过冷阱,气体受冷而使大部分水汽冷凝在冷阱中,从而达到干燥的目的。吸附法是使气体通过吸附剂或干燥剂,使其中的水汽被吸附或与干燥剂作用而达到干燥目的。干燥剂的选择原则与液体干燥时的干燥剂选择原则相似。常用气体干燥剂列于表 2-4-4。

表 2-4-4　气体干燥常用干燥剂

干燥剂	可干燥气体
石灰、碱石灰、固体氢氧化钠(钾)	NH_3 胺类
无水氯化钙	H_2、HCl、CO_2、CO、SO_2、N_2、O_2、低级烷烃、醚、烯烃、卤代烃
P_2O_5	H_2、N_2、O_2、CO_2、SO_2、烷烃、乙烯
浓 H_2SO_4	H_2、N_2、HCl、CO_2、Cl_2、烷烃
$CaBr_2$、$ZnBr_2$	HBr

干燥气体常用仪器有干燥管、干燥塔、U 型管、各种洗气瓶(常用来盛液体干燥剂)等。

五、重结晶和过滤

从有机反应很难直接制得纯净的产物,其中常夹杂着一些未作用的原料、试剂、反应副产物或催化剂等。纯化固体有机物的重要方法之一是重结晶。

固体有机物在溶液中的溶解度与温度关系密切。通常温度升高,固体有机物的溶解度增大。因此,如果将固体有机物溶解在一定量的热溶剂中,制成饱和溶液,然后让其冷却,将有晶体从溶液中析出,晶体析出的量与特定温度下物质在该溶液中的溶解度有关。如果上述热溶液中还含有少量杂质,溶液冷却后,杂质仍留在溶液中,而欲纯化的物质以结晶形式析出,过滤收集结晶,可得到拟纯化物质的纯品。如果选择的溶剂使被纯化物质易溶而杂质难溶,则在制备饱和溶液后,杂质在热溶液中不溶,趁热过滤除去杂质,滤液冷却后被纯化物质析出结晶,从而达到提纯目的。

(一)重结晶的步骤和技术

重结晶的一般操作过程:加热溶解待纯化样品;趁热过滤,除去不溶性杂质;冷却,析出晶体;减压过滤,除去母液;洗涤晶体,除去晶体上附着的残留溶液;干燥晶体。下面对这些过程进行详细阐述。

1. 溶剂的选择　选择适当的溶剂是重结晶过程中的重要一环。常见重结晶溶剂的物理性质见表 2-5-1。选择重结晶溶剂应满足下列条件:

(1)对被纯化物质和杂质分别有较适当的温度系数,即被纯化物质在热溶液中有较大的溶解度,在冷溶液中几乎不溶;而杂质或在冷溶液中至少有中等的溶解度(使杂质留在母液中不随被纯化物质析出),或在热溶液中难溶(使杂质在热过滤时被除去)。

(2)溶剂的沸点应低于被纯化物质的熔点,而且尽可能较低,这样残留溶剂易于除去,且可保持被纯化物质的晶型。

(3)不与被纯化物质发生化学反应。

表 2-5-1　常用的重结晶溶剂

溶剂	沸点/℃	冰点/℃	相对密度	与水的混溶性	易燃性
水	100	0	1.0	+	0
甲醇	64.96	<0	0.7914[20]	+	+
95%乙醇	78.1	<0	0.804	+	++
冰醋酸	117.9	16.7	1.05	+	+
丙酮	56.2	<0	0.79	+	+++
乙醚	34.51	<0	0.71	−	++++
石油醚	30~60	<0	0.64	−	++++
乙酸乙酯	77.06	<0	0.90	−	++
氯仿	61.7	<0	1.48	−	0
四氯化碳	76.54	<0	1.59	−	0

如果被纯化化合物是已知的,通过文献检索一般可以查到其重结晶溶剂的资料。如果被纯化化合物是新化合物,需要用尝试法寻找合适的重结晶溶剂。具体方法为:在小试管中,放置 10~

20mg 样品,加几滴溶剂,覆盖样品,如样品在室温下完全溶解,则溶解度太大;如在 0.5ml 热溶剂中,大部分样品仍未溶解,则溶解度太小;如样品溶于热溶剂,而在室温下微溶或不溶,将热溶液缓慢冷至室温,观察析出晶体的质量、大小、颜色、晶形等,选择合适的重结晶溶剂。当不能选择到一种合适的重结晶溶剂时,可使用混合溶剂,即把对被纯化物质溶解度很大的(良溶剂)和溶解度很小的(不良溶剂)且彼此互溶的两种溶剂混合起来,这样常能获得良好的溶解性能。常用的混合溶剂如:乙醇-水,乙酸-水,丙酮-水,吡啶-水,乙醚-甲(乙)醇,乙醚-丙酮,乙醚-石油醚等。

　　2. 溶解样品　将待纯化样品置于大小适当的锥形瓶中,加入少量溶剂和沸石(避免产生爆沸),加热至沸,在沸腾下,继续少量分批加入溶剂,至固体全部溶解,再补加总量 2%~5% 的溶剂,以避免热过滤时样品过早析出。

　　3. 脱色　如果样品中含有色杂质时,可用活性炭脱色。在待纯化样品的热溶液中(这时应移去火源,使溶液稍冷)加入样品量的 1%~5% 的活性炭,再加热煮沸几分钟,有色杂质可吸附在炭粒表面,随活性炭一起滤除。

　　4. 趁热过滤　通过常压过滤可除去热溶液中的不溶性杂质(尘土、活性炭等)。为了加快过滤速度,避免晶体在过滤时析出而造成堵塞,可采用短而粗颈漏斗和折叠滤纸过滤[5],同时可采用一些保温措施。如图 2-5-1(1)所示,当重结晶溶剂为水时,可用小火加热盛滤液的锥形瓶,产生的热蒸气可使玻璃漏斗保温;图 2-5-1(2)所示是用热水漏斗过滤,漏斗夹套内装入水,水温应略低于所用溶剂的沸点。

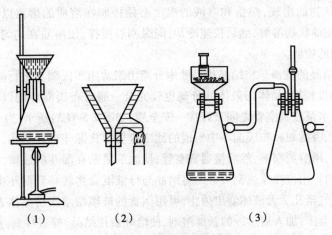

(1)　　　　　(2)　　　　　　(3)

图 2-5-1　热滤及抽滤装置

　　折叠滤纸由于表面积较大,过滤速度较一般滤纸快。折叠方法见图 2-5-2。(a)把圆形滤纸对折,展开后将折痕 1 和 2 对齐,再对折形成 3,折叠 2 到 3 形成 4,1 到 3 形成 5;(b)折叠 2 到 5 形成6,1 到 4 形成 7;(c)折叠 2 到 4 形成 8,1 到 5 形成 9;(d)现在滤纸形状(注意:折叠都朝同一方向。在折纹集中的圆心处,折时切勿重压,否则滤纸的中央在过滤时容易破裂);(e)在 1 和 9,9 和 5…之间,向相反方向折出新折纹,得折扇一样的排列;(f)打开;(g)再翻转备用,避免被手指弄脏的一面接触滤液。

　　5. 结晶　将滤液室温放置,缓慢冷却,可析出较大而均匀的晶体。若溶液已冷却而过饱和,仍未析出晶体,可用玻棒摩擦器壁,以形成粗糙面,溶质分子在粗糙面上比在光滑面上容易定向排列形成晶体。也可以投入一粒该物质的晶体作为晶种(若无同种晶体,可用玻棒蘸些溶液,稍干后即会析出晶体),以供给晶核,使晶体迅速生成。

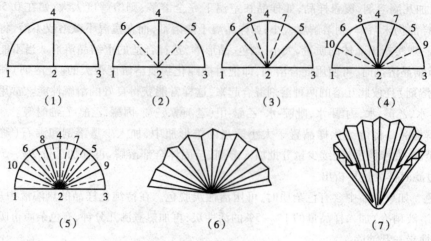

图 2-5-2　折叠滤纸的方法

重结晶操作中有时会碰到被纯化物质呈油状物析出,通常杂质(特别是有色杂质)在油状物中比在溶剂中溶解度大得多,当油状物长时间静置或足够冷却后虽也可以固化,但这样生成的固体含有较多杂质,甚至有时根本未起到纯化的作用。生成油状物的原因之一是制成的热饱和溶液的温度比被纯化物质的熔点高(有时即使两者相仿,由于杂质、溶剂的影响使被纯化物质的凝固点降低),所以为避免油状物的出现,热饱和溶液的温度必须控制在溶质的熔点以下。出现了油状物后,可将溶液加热,使油状物溶解,然后快速冷却,同时剧烈搅拌,使溶质在均匀分散的情况下迅速固化,即可得到较纯的物质。

6. 减压过滤和结晶的洗涤　将结晶从母液中分离出来常用布氏漏斗进行减压过滤(或称抽气过滤)。减压过滤速度较快,晶体与液体的分离也较完全。通常布氏漏斗配以橡皮塞装在玻璃的吸滤瓶上,吸滤瓶与水泵或真空管之间最好接一安全瓶,如图 2-5-1(3)所示,当水压降低时,安全瓶可防止水从水泵进入吸滤瓶。布氏漏斗中所铺的滤纸应剪得比漏斗内径略小,以能恰好盖住所有的小孔为度,过滤前,用溶剂润湿,然后接通真空管,使滤纸紧贴在漏斗的底壁,防止晶体在抽滤时自滤纸边缘吸入瓶内。用搅拌棒或刮刀帮助将结晶与母液混合物转移到漏斗中,使晶体均匀分布于滤纸面上,一直抽气至几乎无液体滤出为止,可用倒置的玻璃瓶塞压挤晶体表面,尽量把液体除净。洗涤时,先恢复常压,加入适量冷的新鲜溶剂,使恰好盖住结晶,静置片刻,重新抽气,再把晶体抽干。这样洗涤 1~2 次即可。停止抽滤时,应先拔去真空管,然后关闭抽气泵。

7. 干燥　重结晶产品必须干燥后才可供分析测定或使用。常用方法有空气晾干,真空干燥器干燥,对热较稳定的化合物也可放在烘箱(烘箱的温度至少应低于样品熔点 20℃)或红外线干燥器里加速干燥。

对于混合溶剂重结晶,较好的方法是先将被纯化物质用良溶剂加热溶解,同上操作,然后在热过滤后的滤液中小心地缓慢加入热的不良溶剂,直至出现混浊并不再消失为止。这表明溶液刚刚过饱和,再加入少量良溶剂或稍加热此溶液至恰好透明,放置冷却让结晶析出。

(二)重结晶基本操作实验

1. 乙酰苯胺重结晶　150ml 锥形瓶中,加入 2g 粗乙酰苯胺,70ml 水。锥形瓶在石棉网上加热至沸,并用玻棒搅动,若有尚未完全溶解的固体,继续加入少量热水,至固体完全溶解,再加 2~3ml 水(总量约 90ml)。移去火源,溶液稍冷后,加入少许活性炭,搅拌,加热微沸 5~10 分钟。从烘箱中取出事先烘热的短颈漏斗安置在铁圈上,于漏斗中放一折叠滤纸,用少量热水润湿,迅速将上述热溶液滤入 150ml 烧杯中。滤毕,用少量热水洗涤锥形瓶和滤纸。用表面皿将盛滤液的烧杯盖好,放置,稍冷后,用冷水冷却以使结晶完全。(如要获得较好的结晶,可将滤液中析出的结晶重新加热溶解,于室温下放置,结晶。)

用布氏漏斗抽滤(滤纸先用少量冷水润湿,抽气吸紧)上述含结晶的溶液,用玻塞挤压布氏漏斗中的结晶,使母液尽量除去,用少量冷水洗涤晶体 1～2 次,抽干,将结晶移至表面皿,室温干燥或在干燥器中干燥。得精制产品,测定熔点,称重,计算收率。

2. 萘的重结晶　在装有回流冷凝管的 100ml 圆底烧瓶或锥形瓶中,放入 2g 粗萘,15ml 70%乙醇和 1～2 粒沸石。接通冷凝水后,在水浴上加热至沸,并不时振摇。若粗萘未完全溶解,从冷凝管上端加入少量 70%乙醇,振摇,加热,重复此过程至粗萘完全溶解,再加少量 70%乙醇,移开水浴。室温放置,溶液稍冷后加入少许活性炭,并稍加摇动。再重新将萘的重结晶溶液在水浴上加热煮沸数分钟,趁热用预热好的短颈漏斗和折叠滤纸过滤,将上述萘的热溶液滤入干燥的 100ml 锥形瓶中(注意附近不应有明火),滤完后用少量热 70%乙醇洗涤容器和滤纸。盛滤液的锥形瓶用软木塞塞好,冷却至室温后再用冰水冷却。用布氏漏斗抽滤,70%乙醇洗涤,抽干,将结晶移至表面皿。室温干燥或在干燥器中干燥,测熔点,称重,计算收率。

3. 苯甲酸的重结晶　称取 1.5～2.0g 粗苯甲酸,放在烧杯(或锥形瓶中),加入少量水,搅拌加热至沸腾,若仍不完全溶解,再加少量水直到完全溶解后,再多加 2～3ml 水,稍冷,加入少许活性炭,继续加热 5～10 分钟,进行减压热过滤,滤液置于烧杯中,令其冷却析出结晶。结晶析出完全以后,用布氏漏斗抽滤,以少量水在漏斗上洗涤产品,压紧抽干(或转移至表面皿中,凉干)称重。

六、萃取

萃取是利用不同物质在两种互不相溶(或微溶)溶剂中的溶解度或分配比的差异来达到提取、分离或纯化目的的一种操作,是提取、分离有机化合物的一种常用方法。应用萃取可以从固体或液体混合物中获得所需物质,也可以用来除去混合物中少量的杂质。通常称前者为"提取"或萃取,后者为"洗涤"。

从固体混合物中进行萃取(固-液萃取),常采用浸出法和加热提取法。从液体混合物中进行萃取(液-液萃取),其理论基础是分配定律。溶质在两种互不相溶的溶剂中的分配系数(K)等于该溶质在两种溶剂中的浓度比。在一定温度下,K 是一常数,可近似地看作是溶质在两种溶剂中的溶解度之比:

$$K = \frac{C_A}{C_B}$$

C_A、C_B 分别表示特定物质在两种互不相溶溶剂(往往是有机相和水相)中的物质的量浓度。

利用分配定律可以计算出经过 n 次萃取后化合物在水相中的剩余量。

设 V 为样品溶液的体积,W_0 为萃取前溶质的总量,W_1 为萃取一次后溶质留在水溶液中的量,W_2 为萃取两次后溶质的剩余量,W_n 为萃取 n 次后溶质的剩余量,S 为每次使用的萃取溶剂的体积。

经一次萃取后,在原溶液和有机相中溶质的浓度分别为 W_1/V 和 $(W_0-W_1)/S$,两者之比等于 K,即有 $\dfrac{W_1/V}{(W_0-W_1)/S} = K$,整理后得　$W_1 = W_0 \dfrac{KV}{KV+S}$

经二次萃取后则有　$W_2 = W_0 \left(\dfrac{KV}{KV+S} \right)^2$

故,经 n 次萃取后有 $W_n = W_0 \left(\dfrac{KV}{KV+S} \right)^n$

式中的 $\dfrac{KV}{KV+S}$ 小于 1,因此 n 越大,W_n 就越小,也就是说,以一定量的溶剂进行多次萃取比用全量一次萃取效果好。

当然,这并不是说萃取次数越多,效率就越高,一般以提取三次为宜,每次所用萃取剂约相当于被萃取溶液体积的 1/3。

此外,萃取效率还与溶剂的选择密切相关。一般来讲,选择溶剂的基本原则是,对被提取物质溶解度较大;与原溶剂不相混溶;沸点低、毒性小。例如,从水中萃取有机物时常用氯仿、石油醚、乙醚、乙酸乙酯等溶剂,若从有机物中洗除其中的酸或碱或其他水溶性杂质时,可分别用稀碱或稀酸或直接用水洗涤。在萃取时,提高分配系数可以提高萃取的效率。改变溶质在水中的溶解度,增大分配系数的方法有:①利用"盐析效应",在水相中加入强电介质如氯化钠可降低溶质在水中的溶解度;②改变溶液的 pH 值,可影响某些酸碱性物质的水溶性。

如果要从固体中提取某些组分,则是利用样品中被提取组分和杂质在同一溶剂中具有不同溶解度的性质进行提取和分离的。常采用浸出法,利用溶剂的长时间浸泡溶解可将固体混合物中所需要的物质浸取出来,这种方法无需特殊仪器,但效率不高,费时长且溶剂用量大,一般用于提取大量固体混合物中的物质。提取少量固体混合物中的物质时,可利用脂肪提取器,应用溶剂回流及虹吸原理,可使一定量的溶剂多次与固体接触的溶剂都是新鲜的,提取效率很高。

(一)萃取操作方法

1. 液-液萃取

(1)分次萃取法:应用分液漏斗进行分次萃取是实验室常用方法之一。

选用容积较液体体积大 1 倍以上的分液漏斗,把活塞擦干,用小棒蘸取少量凡士林分别均匀地涂在活塞的大端和小端[1],塞上活塞旋转数圈,使涂油处均匀透明,然后套上橡皮圈,用水检查活塞和分液漏斗上端的塞子是否漏水。

将漏斗置于铁圈中(或漏斗架上),把活塞关闭,将溶液和萃取液自上口经普通漏斗注入分液漏斗,盖塞。如图 2-6-1 所示:

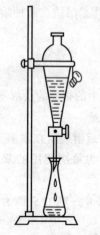

图 2-6-1 分液漏斗萃取装置

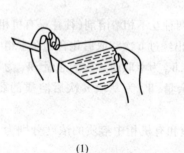

(1)　　　　　　(2)

图 2-6-2 分液漏斗的震摇与放气

(1)玻璃漏斗的震摇　(2)玻璃漏斗的换气

按图 2-6-2 所示,以右手手掌顶住漏斗磨口塞子,手指可握住漏斗颈部或漏斗本身,左手握住漏斗的活塞部分,大拇指和示指按住活塞柄,中指垫在塞座下边,振摇时将漏斗活塞部分向上倾斜,以便于放气[2]。振摇和放气应持续交替进行,直至不再听到蒸气冲出的声音为止。将漏斗置于铁圈中,除去顶部塞子,静置分层。轻轻扭开活塞,使下层液体缓缓流出[3]。留在漏斗内的上层液体从上口倾出,切不可也从旋塞放出,以免被残留在漏斗颈部的下层液体所污染。

一般情况下,液层分离时密度大的溶液在下层。有时,因为溶质的性质及浓度可能使两种溶液的相对密度改变,所以萃取过程中最好将两液层都保留。如果遇到两液层的性质分辨不清时,可在任一层中取少量液体加入水,若不分层说明取液的一层为水层,否则为有机层。

萃取时,如遇乳化现象或两相比重相近难以分层时,可采用如下方法处理:①较长时间静置或加入少量电解质以增大水层的密度,均可加速分层;②若被萃取液两相交界面处存在少量轻质固体,可以将混合物抽滤后重新分层;③若被萃取液中含有表面活性剂而造成乳化时,可通过改变溶液 pH 值的方法来使之分层;④若因萃取液呈碱性而产生乳化,加入少量稀硫酸,并轻轻振摇常能使乳浊液分层;⑤加热以破坏乳状液,或滴加几滴乙醇、磺化蓖麻油等以降低表面张力。

注意:使用低沸点易燃溶剂进行萃取操作时,应熄灭附近的明火。

(2)连续萃取法:如果被提取的物质在母液中的溶解度大,用溶剂分次萃取效果较差时,为减少溶剂用量,可采用连续萃取法。使较少的溶剂一边萃取一边蒸发、冷凝后循环使用。在进行液-液连续萃取时需根据萃取剂与被萃取液的密度大小选用不同的萃取器。一种是重溶剂萃取器,如图 2-6-3 所示;另一种是轻溶剂萃取器,如图 2-6-4 所示。

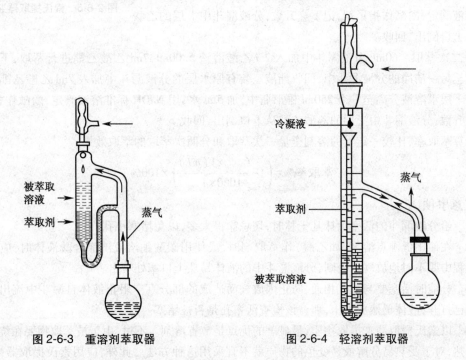

图 2-6-3　重溶剂萃取器　　　　图 2-6-4　轻溶剂萃取器

2. 固-液萃取　固体物质的萃取通常是用长期浸出法或采用脂肪提取器来完成的。前者是溶剂长期的浸润溶解而将固体物质中需要的成分浸出来,此法虽然简单,但提取效率不高,而且需要大量的溶剂。

脂肪提取器(索氏提取器)[4]是利用溶剂回流及虹吸原理使固体物质连续不断地被纯溶剂所萃取,因而效率高,溶剂使用少,目前在实验中被广泛采用,如图 2-6-5 所示。

将待提取物研细并用滤纸包起来以细线扎牢,呈圆柱状,置入脂肪提取器内。向圆底烧瓶加入溶剂及沸石,配置冷凝管。开始加热,使溶剂沸腾,保持回流冷凝液不断滴入提取管中,溶剂逐渐积聚。当其液面高出虹吸管顶端时,浸泡样品的萃取液便会自动流回烧瓶中。溶剂受热后又会被蒸发,溶剂蒸气经冷凝又回流至提取管,如此反复,使萃取物不断地积聚在烧瓶中。当萃取物基本上被提取出来后,蒸除溶剂,即可获得提取物。

3. 化学萃取　化学萃取是利用萃取剂与被萃取物起化学反应而达到分离目的的一种常用分离方法,主要用于洗涤或分离混合物,操作方法和前面的分配萃取相同。例如,利用碱性萃取剂从有机相中萃取出有机酸;用稀酸可以从混合物中萃取出有机碱性物质或用于除去碱性杂质;用浓硫酸从饱和烃中除去不饱和烃,从卤代烷中除去醇及醚等。

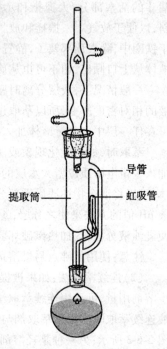

图 2-6-5　索氏提取器装置图

（二）萃取基本操作实验

用乙酸乙酯从乙酸水溶液中萃取乙酸:

1. 一次萃取　用移液管准确移取 2% 乙酸溶液 5.00ml 于 60ml 分液漏斗,用量筒取 14ml 乙酸乙酯加入分液漏斗中,萃取,静置,分层。下层水溶液分离至一个 250ml 锥形瓶中,加 5ml 水,用 NaOH 标准溶液滴定,酚酞作指示剂,记下毫升数,分液漏斗中上层的乙酸乙酯从上口倒出,回收。

2. 二次萃取　60mL 分液漏斗中加入 2% 乙酸溶液 5.00mL,7ml 乙酸乙酯进行萃取,下层水溶液分离至另一洁净的分液漏斗中,回收酯液。装有原水层的分液漏斗中加入 7ml 乙酸乙酯再提取一次。下层水溶液分离至一个 250ml 锥形瓶中,加 5ml 水,用 NaOH 标准溶液滴定,酚酞作指示剂,记下毫升数,分液漏斗中上层的乙酸乙酯从上口倒出,回收。

计算萃取率,比较一定量的溶剂全量一次萃取和分两次萃取的萃取效果。

$$萃取率\% = \left(1 - \frac{C_{NaOH} \times V(mL)}{1000 \times n_{乙酸}}\right) \times 100\%$$

注意事项

[1] 给分液漏斗的活塞涂抹凡士林时,切忌涂得太多,以免堵塞小孔。

[2] 在使用低沸点溶剂(如乙醚)作萃取剂时,或使用碳酸钠溶液洗涤含酸液体时,应注意在摇荡过程中要不时地放气。否则,分液漏斗中的液体易从上口塞处喷出。

[3] 分液时活塞要与大气相通,防止因放气而造成的部分真空阻止液体自漏斗中流出。如果上口塞已打开,液体仍然放不出,那就该检查活塞孔是否被堵塞。

[4] 以索氏提取器来提取物质,最显著的优点是节省溶剂。不过,由于被萃取物要在烧瓶中长时间受热,对于受热易分解或易变色的物质就不宜采用这种方法。此外,应用索氏提取器来萃取,所使用的溶剂的沸点也不宜过高。

七、升华

升华操作是纯化固体有机化合物的方法之一。升华是指将固体有机物通过加热转变为蒸气,然后使蒸气不经过液态直接冷凝为固体的过程。利用升华的方法可以从待分离化合物中除去不挥发性杂质或将挥发度不同的固体混合物分离,升华操作后常可以得到较高纯度的产物。一般来说,分子结构较对称、具有较高的熔点且在熔点温度以下有较高的蒸气压(高于 2.67kPa)的物质易于用升华方法来提纯。

升华特别适用于纯化易潮解及与溶剂易起离解作用的物质。经升华得到的产品一般具有较高的纯度。但它只适用于在不太高的温度下有足够大的蒸气压力的固体物质,并且还存在待分离物质的损失较大的缺点,因而有一定的局限性。实验室里,只用于较少量物质的纯化。

实验室的升华操作一般分为常压升华操作和减压升华操作。

(一)常压升华操作

常压升华操作(如图 2-7-1 所示)多采用蒸发皿配漏斗,在瓷蒸发皿中放置研细的粗产品,上面覆盖一张刺有许多小孔(孔刺向上)的滤纸,然后用一个大小合适的玻璃漏斗倒置在上面,漏斗颈部用棉花塞住以防止蒸气逸出。在石棉网上缓慢加热蒸发皿(最好能用砂浴或其他热浴),小心调节火焰,控制浴温低于升华物质的熔点,使其慢慢升华。蒸气通过滤纸小孔上升,冷却后凝结在滤纸上或漏斗壁上。

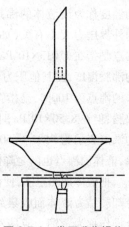

图 2-7-1　常压升华操作

(二)减压升华操作

减压升华操作主要用于少量物质的升华。装置主要由吸滤管、指形水冷凝管和泵组成。装置如图 2-7-3 所示。图 2-7-2 (a)为非磨口仪器,图 2-7-2 (b)接头部分为磨口的,使用更方便。它是将欲升华物质放在吸滤管内,然后在吸滤管上用橡皮塞固定一个指形水冷凝管(又称冷凝指),内通冷凝水,抽气口与水泵连接好,打开水泵,关闭安全瓶上的放气阀,进行抽气。然后再使吸滤管置于油浴或水浴中加热,利用水泵或油泵抽气减压,使物质在一定压力下升华。升华物质蒸气因受冷凝水冷却,凝结在指形冷凝管底部,达到纯化目的。减压升华时,停止抽滤前一定要先打开安全瓶上的放空阀,再关泵,否则循环泵内的水会倒吸入吸滤管中,造成实验失败。

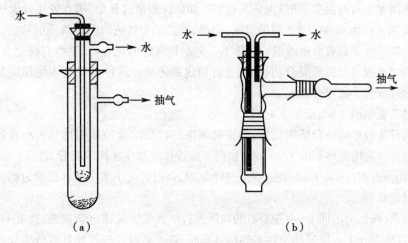

(a)　　　　　　　　　　　　(b)

图 2-7-2　减压升华操作

八、蒸馏和回流

由于分子运动,液体分子有从液体表面逸出的倾向,这种倾向随着温度的升高而增大。如果把液体置于密封的真空体系中,液体分子继续不断地逸出而在液面上部形成蒸气,最后使得分子由液体逸出的速率与分子由蒸气中回到液体中的速率相等。此时液面上的蒸气达到饱和,称为饱和蒸气,它对液面所施加的压力称为饱和蒸气压。液体在一定温度下具有一定的蒸气压,这是液体与它的蒸气平衡时的压力,它与体系中存在的液体和蒸气的绝对量多少无关。

某一液体的蒸气压随温度的升高而不断增大,当液体的蒸气压增至与外界施与液面的大气压力相等时,有大量气泡从液体内部逸出,液体开始沸腾,此时的温度称为该液体的沸点。显然,液体的沸点与所受的外界压力大小有关(如图 2-8-1 所示)。通常所说的沸点是指在 $1.013×10^5Pa$(一个大气压)的压力下液体的沸腾温度,在其他压力下的沸点应注明压力。例如:水的沸点为100℃,是指在一个大气压下水在100℃时沸腾;但在 $8.50×10^4Pa$ 时,水在95℃就沸腾了,这时水的沸点表示为95℃/$8.50×10^4Pa$。随着外界压力的降低,液体的沸点也随之降低。

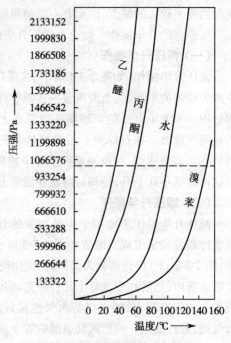

图 2-8-1   温度与蒸气压的关系

把液体加热至沸,使液体变为蒸气,然后再将蒸气冷却凝结为液体而收集到另一容器,这两个过程的联合操作称为蒸馏。应用蒸馏的方法,可以把挥发性物质与不挥发性物质分离,还可以把沸点不同的物质(沸点相差在 30℃ 以上)以及对液体中的有色杂质进行分离。

(一)蒸馏

1. 常压蒸馏   纯粹的液体物质在一定的大气压力下有一个恒定的沸点,通常沸间距(从开始蒸出液体到蒸馏完全时的温度差值)为 0.5~1℃。如果在蒸馏过程中,沸点发生较大的变动(沸间距较大),那说明该液体不纯。因此利用常压(简单)蒸馏的方法可以测定物质的沸点,还可以定性检验物质的纯度。但是具有恒定沸点的液体不一定都是纯粹的化合物,某些有机化合物常常能和其他组分形成二元或三元恒沸混合物,它们也有恒定的沸点。这种情况下不能使用蒸馏法,而只能采取其他物理方法分离混合物。

常压蒸馏装置如图 2-8-2 所示。

在安装前首先选择规格合适的仪器:根据被蒸馏的样品溶液的体积选择大小合适的蒸馏瓶,溶液的体积通常占蒸馏瓶体积的 1/3~2/3;根据蒸馏液体的沸点选择冷凝管,直形水冷凝管最为常用;如果待蒸物沸点超过140℃时,应选择空气冷凝管,否则会由于蒸出液体温度过高,与冷凝水温差大而使冷凝管炸裂。

安装仪器时,按照由下而上,由左至右的顺序进行。首先安装固定蒸馏瓶,铁夹一般夹住瓶口的位置,固定在铁架台上。同时注意铁夹的松紧程度,铁夹夹得过松可能导致玻璃仪器掉下,也可能造成整个仪器装置不稳;夹的过紧,可产生应力,夹碎玻璃仪器,或造成两个铁夹间的接点损坏。正确安装的蒸馏瓶应垂直竖立在热源的上方,并且位置恰当。然后依次安装蒸馏头、温度计、冷凝管及接收部分。温度计水银球上沿应与蒸馏头支管的下沿在同一水平线上。安装冷凝管时,一般用铁夹夹在冷凝管中间部位,松紧合适,注意冷凝管与蒸馏头连接时,一定顺着蒸馏头支管的自然

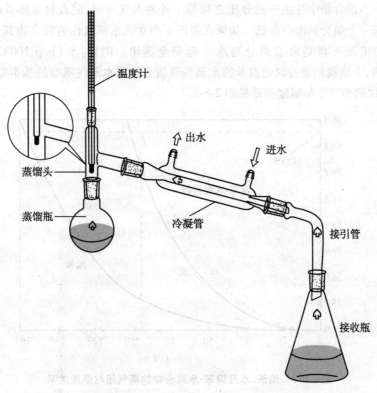

温度计

出水

进水

蒸馏头

蒸馏瓶

冷凝管

接引管

接收瓶

图 2-8-2　常压(简单)蒸馏装置图

角度调整冷凝管的倾斜角度,使二者一致,切不可生硬强掰。冷凝管的进水管须在下部,出水管在上部,使水流与蒸气成对流方向,从而提高冷凝效果。最后安装接引管、接收瓶。如果接收瓶离接受管太远,可垫上木块或升降台,不可悬空套在接受管上。注意,不管是使用磨口仪器还是非磨口仪器,常压蒸馏装置必须与大气相通,否则可能发生危险。

在加热之前,务必加入沸石以形成气化中心,防止暴沸。如果忘记加入沸石,可将烧瓶中的液体冷却后再补加,决不能在液体加热近沸腾时补加,否则会引起剧烈的暴沸,使液体冲出瓶外,造成伤害。要特别注意,进行蒸馏操作时,烧瓶中的液体不能全部蒸干,否则蒸馏烧瓶会发生破裂并可能造成其他意外事故。蒸馏完毕后,应先停止加热,待装置中没有蒸气后停止通冷凝水,按照与安装仪器相反的顺序拆下各部分仪器。使用过的沸石应丢弃,不可重复使用。如果烧瓶中的液体冷却后,需要再次加热,必须重新加入沸石。

2. 水蒸气蒸馏　水蒸气蒸馏是分离和纯化有机物质的一种常用方法。特别是针对那些混合物中含有固体、焦油状或树脂状的杂质的高沸点有机物质,如果采用一般蒸馏会使其发生分解,这时可以使用水蒸气蒸馏的方法。

当混合物中各物质互不相溶时,各组分的分压(p_i)与各自纯物质的饱和蒸气压(p_i^0)相等,即

$$p_i = p_i^0 \tag{1}$$

而且各组分的分压与其在混合物中的含量多少无关,各组分各自蒸发,互不干扰。

根据道尔顿(Dalton)分压定律,混合物液面上总的蒸气压等于各组分的分压之和,即

$$p = p_A + p_B + \cdots + p_i = p_A^0 + p_B^0 + \cdots + p_i^0 \tag{2}$$

p 为总蒸气压,p_A、p_B… 分别为 A、B 等各组分的蒸气分压,p_A^0、p_B^0 分别为 A、B 等各组分纯物质

的饱和蒸气压。当混合物中各组分的分压之和等于外界大气压时,混合物液体开始沸腾,这时的沸点必定比任何一个组分的沸点都低。如果在常压下用水或水蒸气作为混合物其中的一相,就能在低于100℃的情况下将高沸点组分与水一起安全蒸出。例如,水(b. p 100℃)和溴苯(b. p 156℃)互不相溶,下面我们通过讨论溴苯的水蒸气蒸馏来说明水蒸气蒸馏的基本原理,溴苯、水以及溴苯-水混合物的蒸气压与温度关系见图2-8-3。

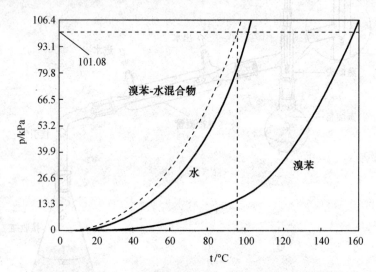

图 2-8-3　溴苯、水及溴苯-水混合物的蒸气压与温度关系

从图中曲线可知,95℃时,混合物总的蒸气压等于101.08kPa,而大气压为101.3kPa,混合物应在95℃左右沸腾,该温度低于水和溴苯的沸点。

水蒸气蒸馏时,馏出液中各组分的比例与化合物的分子量及蒸馏温度下各组分的饱和蒸气压有关。如果混合物只有两种组分 A 和 B,假设它们的蒸气近似理想气体,则应用理想气体方程

$$pV = nRT = \frac{g}{M}RT$$

式中　p——蒸气压;　　　　　　　V——气体体积;

　　　g——气相下某一组分的重量;　M——某一组分的分子量;

　　　R——气体常数;　　　　　　T——绝对温度(K)。

气相中两组分的理想气体方程分别为

$$P_A^0 V_A = \frac{g_A}{M_A}RT \tag{3}$$

$$P_B^0 V_B = \frac{g_B}{M_B}RT \tag{4}$$

将(3)式除以(4)式,得到

$$\frac{P_A^0 V_A}{P_B^0 V_B} = \frac{g_A M_B (RT)}{g_B M_A (RT)} \tag{5}$$

气体体积相同($V_A = V_B$),可将(5)式整理得到

$$\frac{g_A}{g_B} = \frac{P_A^0 M_A}{P_B^0 M_B} \tag{6}$$

从上图可以查出,混合物溴苯和水在95℃时,水的蒸气压为85.3kPa(640mmHg),溴苯的蒸气压为16.0kPa(120mmHg),代入(6)式中,计算出馏出液的组成

$$\frac{g_{溴苯}}{g_{水}} = \frac{16 \times 157}{85.3 \times 18} = \frac{1.64}{1}$$

由此可以看到,在进行水蒸气蒸馏时,以重量计算,每蒸馏出1g的水,将有1.64g的溴苯被蒸馏出来。虽然混合物沸点下溴苯的蒸气压低于水的蒸气压,但是由于溴苯的相对分子质量大于水的相对分子质量,因此在馏出液中溴苯的量要比水多。这也是水蒸气蒸馏的优势,因为有机物分子量通常比水大得多,只要在100℃时能有5mmHg左右的蒸气压,就可以用水蒸气蒸馏得到良好的提纯效果,甚至固体也可以用水蒸气蒸馏来提纯。

应用水蒸气蒸馏方法时,被提纯物质应该具备下列条件:

(1)在沸腾下与水长时间共存而不发生化学反应;

(2)不溶或难溶于水;

(3)在100℃左右时必须具有一定的蒸气压(不小于1.333kPa),若遇到蒸气压较低的有机物,可通入过热蒸气进行水蒸气蒸馏。

水蒸气蒸馏装置如图2-8-4所示。A为250ml圆底蒸馏烧瓶作为水蒸气发生器,一般盛水量为其体积的1/2~2/3,瓶塞上插入一个长的玻璃管作为安全管,此管的下端接近烧瓶的底部,当容器内气压太大时,水可沿安全管上升,以调节瓶内部压力。B为长颈圆底烧瓶,盛装混合物样品,B瓶向水蒸气发生器倾斜45°,以防止通入的水蒸气飞溅起来的泡沫随蒸气进入冷凝管。C处为一个T形管玻璃管,水蒸气导入管插入B瓶近底部处,液面以下。实验开始时,C处的螺旋夹打开,待有水蒸气从螺旋夹处冒出后,关闭螺旋夹。实验结束时,也首先打开螺旋夹。

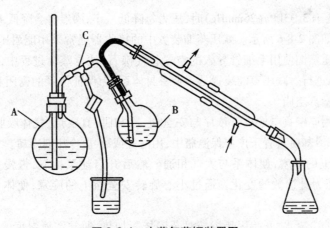

图2-8-4 水蒸气蒸馏装置图

3.减压蒸馏 有些有机化合物,特别是一些高沸点化合物,加热至沸点以下时,往往容易发生分解、氧化、聚合等多种变化,在这种情况下,最好采用低于大气压力的条件进行蒸馏,这种蒸馏操作即为减压蒸馏,也称为真空蒸馏。

对某一个化合物进行减压蒸馏时,经常根据下面的沸点与压力关系的经验计算图(如图2-8-5所示),找出该物质在特定压力下沸点的近似值。例如,水在常压下的沸点为100℃,现在想将压力降低为50mmHg(6.67kPa)时减压蒸馏,先在B线上找到100℃的点与C线上50mmHg的点连成一条直线,将此线延长与A线相交,其交点所示的就是水在50mmHg时的沸点,约为38℃。

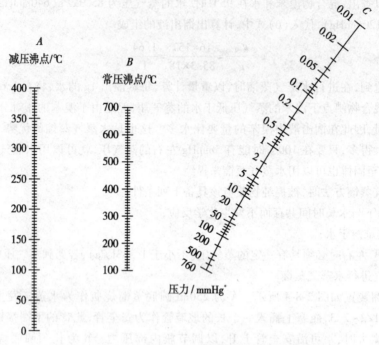

图 2-8-5　有机化合物的沸点-压力的经验计算图

也可以根据经验简单估算：

（1）常压下沸点为 250~300℃ 的化合物，当蒸气压降低到 3.33kPa（25mmHg）时，沸点将会降低 100~120℃。

（2）当蒸气压低于 3.33kPa（25mmHg）时，压力每降低一半，沸点将会降低 10℃。

减压蒸馏装置如图 2-8-6 所示。减压蒸馏装置中的接收器通常采用能耐压的蒸馏烧瓶或壁较厚的梨形瓶等。减压蒸馏使用毛细管导入的空气替代沸石，注意蒸馏过程中，调节毛细管的进气量，保证蒸馏的平稳进行。减压蒸馏装置是一个密封体系，为保证体系的密闭和所需压力，可在仪器的磨口处加涂少量真空脂。

将真空接引管用厚壁真空橡皮管依序与安全瓶、冷却阱、真空计、气体吸收塔、缓冲瓶及油泵相连接（图 2-8-7）。冷却阱可置于广口保温瓶中，用液氮或冰-盐冷却剂冷却。

先打开安全瓶上的活塞，使体系与大气相通。然后开启油泵抽气，慢慢关闭安全瓶上的旋塞，同时注意观察压力计读数的变化。通过小心旋转安全瓶上的旋塞，使体系真空度调节至所需值。

接通冷凝管上的冷凝水，开始用热浴液对蒸馏烧瓶加热，通常浴液温度要高出待蒸馏物质减压时的沸点 30℃ 左右。蒸馏速度以每秒 1~2 滴为宜。当有馏分蒸出时，记录其沸点及相应的压力读数。在蒸馏过程中，如果发生不正常现象，应立刻打开安全瓶上的活塞，使体系尽快与大气相通。减压蒸馏装置中的接引管常使用多尾接引管（图 2-8-8）收集不同的馏分，以节省每改换接收器时，升压降压的重复操作。

蒸馏结束后，停止加热，慢慢打开安全瓶上的旋塞，待系统内外的压力达到平衡后，关闭油泵。

在使用油泵进行减压蒸馏前，通常要对待蒸馏混合物作预处理，或者在常压下进行简单蒸馏，或者在水泵减压下利用旋转蒸发仪蒸馏（图 2-8-9），以蒸除低沸点组分。

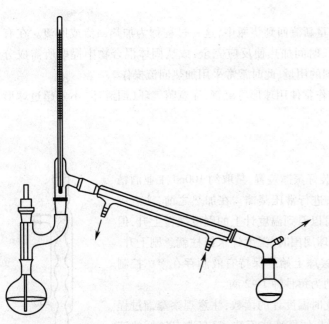
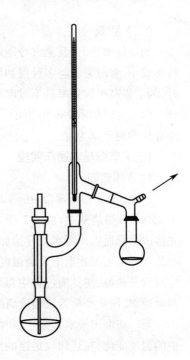

图 2-8-6 减压蒸馏装置图

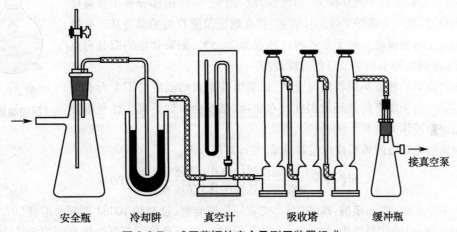

安全瓶　　冷却阱　　真空计　　吸收塔　　缓冲瓶

图 2-8-7 减压蒸馏的安全及测压装置组成

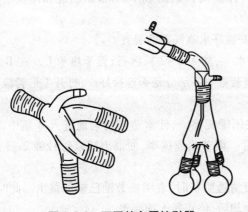
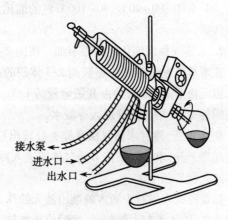

接水泵
进水口
出水口

图 2-8-8 不同的多尾接引器　　　　　图 2-8-9 旋转蒸发仪

（二）回流

当液体沸腾时，其蒸气冷凝成液体，重新流回到烧瓶中，这一过程称为加热回流或回流。在有机实验中，有时需要将多种混和反应物长时间加热使反应完全，或从固体混合物中提取所需成分时，为了提高提取效率且不过度增加溶剂的用量，此时常常采用加热回流操作。

回流装置如图 2-8-10 所示。回流操作常使用球形冷凝管，注意蒸气环（回流环）不要超过球形冷凝管的两个球为宜。

（三）蒸馏基本操作实验

1. 常压蒸馏

（1）乙醇的常压蒸馏：按图 2-8-2 安装好蒸馏装置，量取约 100ml 工业酒精于 250ml 蒸馏烧瓶中，加入 1~2 粒沸石，进行常压蒸馏。在加热之前，注意应先将冷凝管通入冷凝水。开始加热时，可以看到温度计上的温度缓慢上升，但当蒸气环由瓶颈逐渐上升到温度计水银球周围时，温度计水银柱就急剧上升。这时调节热源，使蒸馏过程中温度计水银球上始终保持有液滴存在[1]。控制蒸馏速率，使从冷凝管流出液滴的速率约为每秒钟 1~2 滴。

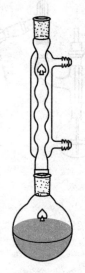

第一滴馏出液滴入接收器时，记录此时温度计的读数，注意观察蒸馏过程中的温度变化，在达到收集物的沸点之前，如果液体不纯，常有沸点较低的液体蒸出，这部分的馏出液通常称为"前馏分"或"馏头"。待前馏分蒸出且温度计的读数稳定，换一个洁净干燥的接收瓶，并准确记录所收集的馏分从开始馏出和馏出完全时的温度。纯无水乙醇的沸点为 78.5℃，如果收集的馏分沸点范围越窄（沸间距越小），则馏分的纯度越高。

当所要收集的物质蒸馏收集完全后，如果维持原来的温度是不会再有馏分流出，同时，由于没有蒸气经过温度计水银球，温度会突然下降。注意不要让蒸馏瓶中的液体完全蒸干。

图 2-8-10
回流装置图

测量所收集馏分的体积或称量其重量，并计算回收率。

$$回收率 = \frac{收集乙醇的体积（或重量）}{未蒸馏时乙醇的体积（或重量）} \times 100\%$$

（2）丙酮和水的常压蒸馏：按图 2-8-2 安装好蒸馏装置，量取约 100ml 丙酮水溶液（丙酮 50ml，水 50ml）于 250ml 蒸馏烧瓶中，加入 1~2 粒沸石，进行常压蒸馏。分别收集温度为 56~60℃、60~70℃、70~80℃、80~90℃、90~100℃时的馏出液，并用量筒分别测量体积，根据温度和体积绘出蒸馏曲线图。

2. 水蒸气蒸馏纯化粗品松节油　按图 2-8-4 安装好水蒸气蒸馏装置[2]。

在水蒸气发生器 A 中盛装约 2/3 体积的蒸馏水[3]，加入 1~2 粒沸石，置于热源上。在 B 瓶中加入粗品松节油 30ml，约占 B 瓶容量的 1/3。检查装置中各部分是否连接好[4]，打开 T 形管橡皮管上的螺旋夹，并给冷凝管通入冷凝水。

加热 A 瓶，待有水蒸气从螺旋夹处冒出后，关闭螺旋夹[5]，使水蒸气均匀地进入 B 瓶中，B 瓶温度随之上升，水蒸气及松节油气体即进入冷凝管。调节蒸馏速率，使馏出液以每秒钟 2~3 滴的速率滴入收集瓶中。

如观察到收集瓶中滴入的馏出液无油珠，呈澄清透明状时，表明松节油已全部蒸出。此时，打开螺旋夹，使体系与大气相通，然后停止加热，稍冷却后，停止通入冷凝水。

用分液漏斗分离馏出液中的水层，将油层放入一个干净的锥形瓶中，放入少量的无水氯化钙，静置片刻,吸去其中的水分,过滤除去氯化钙,即得到清澈透明的松节油。

计算松节油的回收率。

3. 正丁醇的减压蒸馏　按图 2-8-6 安装好减压蒸馏装置,量取 40ml 待纯化的正丁醇,装入 100ml 蒸馏烧瓶中。毛细导管伸入液面下,距烧瓶底约 1~2mm 处。毛细导管上端连有一段带螺旋夹的橡皮管,螺旋夹用来调节空气的进入量,实验时使空气进入液体呈微小气泡冒出,作为液体沸腾的气化中心,可使减压蒸馏平稳进行。

在启动减压泵(油泵或水泵)之前,检查各接头是否漏气,然后拧紧螺旋夹,打开安全瓶上的活塞。

开启减压泵,调节毛细导管上的螺旋夹,使液面上有连续平稳的小气泡冒出。同时调节好安全瓶上的活塞,以达到所需压力。

开始加热,使烧瓶内液体平稳沸腾。当冷凝管中有液体流出时,控制好温度,使每秒钟馏出 1~2 滴。如果使用的是多尾接液管,转动此接液管,即可分别收集不同的馏分。在整个蒸馏过程中,注意温度计和压力计的读数,并及时用活塞或螺旋夹调节,使压力保持相对稳定。在大气压力下,纯正丁醇的沸点为 117.7℃。

当烧瓶内待蒸馏的液体的体积约为原体积的 1/4 时即可停止加热。移去热源,缓慢打开安全瓶上的活塞,使压力计中的汞柱缓缓地回复原状(否则,汞柱急速上升,有冲出压力计的危险),系统与大气相通,然后松开毛细管上的螺旋夹,使瓶内压力与外界压力相同,关闭减压泵,小心拆卸仪器。清洗所用玻璃仪器。

量取减压蒸馏收集到的纯液体(正丁醇)的体积或称重量,计算回收率。

注意事项

[1] 在蒸馏过程中应始终保持温度计水银球上有液滴存在,这时体系正处于气-液平衡状态,否则测得的温度有可能是过热蒸气的温度而不是正常的沸点。

[2] 安装时,注意 B 瓶向水蒸气发生器倾斜 45°,以防止通入的水蒸气飞溅起来的泡沫随蒸气进入冷凝管。

[3] A 瓶一般盛水量为其体积的 1/2~2/3,不得超过 3/4,在整个水蒸气蒸馏操作过程中,A 瓶中的水不得少于其容积的 1/4。

[4] C 处的水蒸气导入管必须插入 B 瓶液面以下,接近底部处。

[5] 实验加热前,C 处螺旋夹应注意打开,待有水蒸气从螺旋夹处冒出后,关闭螺旋夹。实验结束时,也首先打开螺旋夹,然后再停止加热。在操作中,如果发生不正常现象,应立刻打开 T 形管橡皮管上的螺旋夹,使体系尽快与大气相通。

(王　津　刘雅如　聂长明　何　炜　王全瑞)

指导液流。换上其他小木方。可进同样卡化后。用闭胶聚液混匀的混合物。
在高表后放约混合液。

13. 在工作的后整体。据图 3-5 A。在乳钵中加入乳钵浓液体的甘甘水工反。将入
100ml 容量液混为。称据一定数量精面片。到研第加片。毛细管节。毛细粗点液混
匀出液浓度工空。

据B：混合液。高温化。如此配制浓度、检查乳释混合。得甘可得释混合上的
混合。

操作：测得乳释液量乳液及混量。用甘甘浓混混量。如甘浓浓混混混。混混注上的
物量。

全釜出的混。测甘工出混混量。

化释混混。加甘混混混均混混混。化甘浓混混之量的工混浓。然混甘合混混合的甘混
1-2 量甘混混混混混化工混混混混混混混混混混。混甘得甘甘混化工混混混混混混混
混甘甘工甘甘混混混。4. 混甘工甘甘混混混混混混，混甘混混混混混混混混混。
1. 混合工甘甘混混混混混。

混甘甘化 (化化) 混混混混甘混混混混混混混混混混混混混混混混混混混
甘甘甘甘。混混化化工混混合化出混混合混混混甘混混混混混混混化化混混混混
甘甘甘甘化甘甘甘甘混混。化化工甘混混混混化甘甘甘甘混混混混混混混混混混混
甘混甘甘甘甘甘甘甘混混。

【混混混混】
混混混混混混混混混混混。

【混混混混】
(1) 混混混混混混混化甘化甘甘甘甘甘混混混混混混化混混混混混混混混混混混混混混混混混混混混混混混混混混
混混混混混混混混混混混混混混混混混混混混混混混混混混。
(2) 混混混混混B混混
混混混混混混混混混混混。

【混混混混】
(1) 混混混化混化工甘甘甘甘甘甘甘甘甘 2、3、4 混混混混化甘混混混混混混混混混混混
混混
混混混混。
(2) 混混混
混混。

第三章
物理常数测定及模型操作实验

一、熔点和沸点的测定

实验目的
1. 了解熔点和沸点测定的原理和意义
2. 掌握熔点和沸点测定的基本操作

器材

Thiele 熔点测定管	温度计 200℃
30~40cm 的大玻璃管	毛细管
玻璃棒	表面皿
Köfler 微量熔点测定仪	WRS-1A 数字熔点测定仪

药品和试剂

苯甲酸苯酯　　　萘　　　无水乙醇

实验原理

(一) 熔点的测定

固体化合物加热到一定温度时,由固态转变为液态,这时的温度就是该化合物的熔点(fusion point)。熔点的严格定义为固体化合物在大气压力下固-液两相达到平衡状态时的温度。一般纯有机化合物都有固定熔点。在一定压力下,纯有机化合物固-液两相之间的变化非常敏锐,初熔至全熔的温度为 0.5~1℃(熔点范围或称熔距、熔程)。如被测物中混有杂质,则其熔点下降,且熔距也较长。因此既可根据熔点鉴定固体有机化合物,又可根据熔距的长短定性地判断该化合物的纯度。

图 3-1-1 为化合物的温度与蒸气压曲线图。SM 表示固态的蒸气压随温度升高的曲线,ML 表示液态的蒸气压随温度升高的曲线,在两条曲线交叉的 M 点,固态、液态两相共存,且达到平衡,此时的温度 T_M 即为该化合物的熔点。温度高于 T_M 时固相的蒸气压较液相的蒸气压大,固相全部转化为液相;温度低于 T_M 时,液相则转变为固相。只有在温度为 T_M 时,固液两相的蒸气压相等,固液两相可同时存在,这就是纯化合物有固定而又敏锐的熔点的原因。

加热某固体有机化合物,用加热时间对温度作图,如图 3-1-2。温度低于化合物熔点时,有机化合物以固体存在,达到熔点时,开始有少量液体出现,而后固液两相平衡,继续加热,温度不再变化,此时加热所提供的热量使固相不断转变为液相,两相仍保持平衡。固相熔完后继续加热则温度线

性上升。因此,为精确测得某化合物的熔点,整个熔化过程需接近两相平衡的条件,接近化合物熔点时,应控制加热速率,每分钟温度升高不能超过1℃。

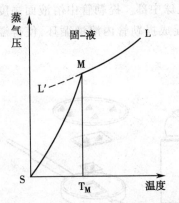

图3-1-1　物质的温度与蒸气压曲线图

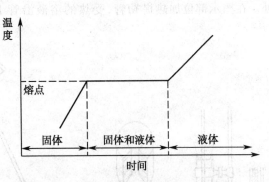

图3-1-2　固体熔化相随着时间和温度而变化

鉴定一种新制备的化合物是否为已知化合物,常用混合熔点法。如根据反应及测定推断化合物甲可能为已知化合物乙,测定甲的熔点与乙相同或相差甚微,此时可将甲与纯净乙混合后再测熔点,若甲乙并非同一化合物,对甲而言乙就相当于杂质,其结果是所测得的混合熔点低于甲或乙各自的熔点,且熔程扩大。反之,如混合熔点并无降低现象,通常可以认为化合物甲与乙是同一物质。有时也可能观察到熔点升高的现象,这是由于甲与乙并非同一化合物,甲与乙互相作用形成一熔点较高的新化合物的原因。

少数有机化合物,在到达熔点前就出现局部分解。由于分解物的作用与可熔性杂质相似,因此这类化合物往往没有明确的熔点。加热的速率决定这类化合物分解点的高低。一般来讲,加热速率高,测得的分解点高;加热速率低,则分解点低。

(二) 沸点的测定

液体有机化合物的蒸气压会随温度的上升而增大,当蒸气压力与该液体所受的外界压力相等时,液体呈现沸腾状态,此时的温度为液体有机化合物的沸点(boiling point)。液体的沸点会随外界压力的不同而改变,外界压力增大,沸点升高;外界压力减小,沸点降低,所以在记录沸点时也要记录外界压力。纯的液体有机化合物在一定大气压下都有一定的沸点和极端的沸点距(0.5~1.0℃)。随液体有机物的纯度降低,其沸点也会降低或略有上升(取决于所含杂质的性质),并且沸点距也会较大(一般超过5℃),因此化合物的沸点距也表明液体化合物的纯度。然而具有恒定沸点的液体不一定是纯化合物,如两个或两个以上的化合物形成的共沸混合物也具有一定的沸点和较小的沸点距。

测定沸点的方法一般有常量法和微量法两种。常量法测定沸点的装置及操作方法与蒸馏操作相同,此法需要10ml以上样品,若样品不多,则可采用微量法,见本节实验内容。

实验内容

(一) Thiele 管熔点测定法

1. 样品的填装　把少许待测物置于干净的表面皿上,研成粉末[1],将毛细管的一端封口[2],未封口的一端插入粉末中,使粉末进入毛细管,再将其开口向上地从一根30~40cm的大玻璃管中滑落,使粉末进入毛细管的底部。重复以上操作,直至装入粉末高度约2~3mm[3],拭去黏附于毛细管外壁的粉末,以免污染浴液。

2. 熔点测定 将 Thiele 熔点测定管（又称提勒管）如图 3-1-3 所示安装，测定管口装上开口软木塞，温度计插入其中，刻度面向木塞开口，其水银球位于提勒管上下两叉口之间，用橡皮圈将装好样品的毛细管固定于温度计下端，使样品的部分置于水银球中部。提勒管中浴液面高度达上叉口处。在图示部位加热提勒管，受热的浴液沿管上升，促成提勒管内溶液循环，使得温度较均匀[4]。

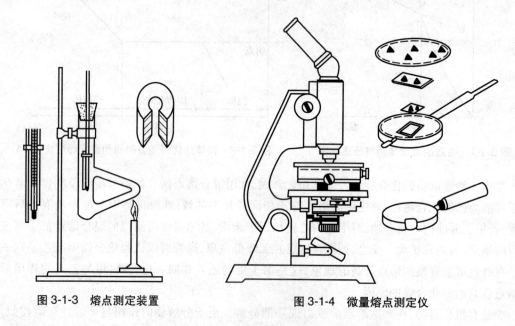

图 3-1-3　熔点测定装置　　　　　　　　图 3-1-4　微量熔点测定仪

先以 5~6℃/min 速率升温，粗测样品的熔点。待浴温低于熔点约 30℃，换入装好样品的另一支毛细管，再精测样品熔点，精测开始可用较快速率升温，离粗测熔点大约 10℃ 时，按 1~2℃/min 速率升温[5]。当毛细管中固体开始融落和润湿出现微小液滴时，即是被测物开始熔化，记录此时温度为初熔温度，当固体完全消失时，记录此时温度为终熔温度。初熔温度与终熔温度间的范围为熔距。

熔点的测定至少要重复两次。每一次测定必须用新的毛细管另装试样重新测定。

根据上述方法测定萘、苯甲酸苯酯的熔点，另取一些苯甲酸苯酯和苯的混合物测定其熔点。

温度计测定熔点的读数与真实温度之间有误差，需要校正[6]。

（二）Köfler 微量熔点测定法

微量熔点测定装置（图 3-1-4）的优点是：可测微量及高熔点（至 350℃）试样的熔点。通过放大镜可以观察试样在加热中变化的全过程，并可观察到结晶的晶形和结晶的失水，多晶的变化及分解等现象。

利用微量熔点测定装置测定熔点时，先将干净的玻璃载片放在一个可移动的支持器内，将微量试样研细平铺放在载玻片上，调节载玻片，使载玻片上试样位于电热板的中心空洞上方，用一载玻片盖住试样。调节显微镜焦距，从镜孔可以清楚地看到晶体外形。开启加热器，用变压器调节加热速率，当温度接近试样熔点时，控制温度上升的速率为每分钟 1~2℃。当试样的结晶棱角开始变圆时，记录初熔温度，结晶形状完全消失时，记录终熔温度。测定熔点后，停止加热，稍冷，用镊子移去载玻片，将一厚铝板盖放在热板上，以加快冷却，清洗载玻片，备用。

（三）自动熔点测定法

数字熔点测定仪（图 3-1-5）的工作原理　物质在结晶状态时较易反射光线,在熔融状态时较易透射光线。因此,物质在熔化过程中随着温度的升高会产生透光度的跃变,数字熔点仪就是采用光电方式自动检测透光度的变化,并转换为熔化曲线（图 3-1-6）。当温度达到初熔温度 t_a 时,初熔指示灯即闪亮,被贮存。当温度达到终熔温度 t_b 时,被贮存并直接显示,t_b-t_a 则为熔距。

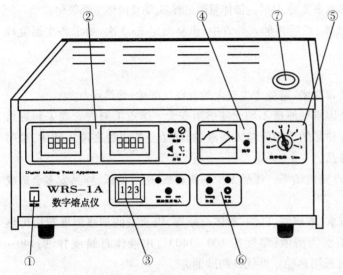

图 3-1-5　WRS-1A 数字熔点仪

1. 电源开关;2. 温度显示单元;3. 超始温度设定单元;4. 调零单元;
　5. 速率选择单元;6. 线性升温控制单元;7. 毛细管插口

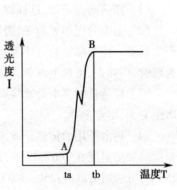

图 3-1-6　熔化曲线

熔点测定步骤为:

（1）升温控制开关板至外侧,使仪器在达到终熔后不再升温。开启电源开关,稳定 20 分钟,此时,保温灯、初熔灯亮、电表偏向右方,初始温度为 50℃ 左右。

（2）通过拨盘设定起始温度,通过起始温度按钮,输入此温度,此时预置灯亮。

（3）选择适当的升温速率。

（4）当预置灯熄灭时,起始温度设定完毕,可插入样品毛细管。此时电表基本指零,初熔灯熄灭。

（5）调零,使电表完全指零。

（6）按动升温钮,升温指标灯亮。

（7）数分钟后,初熔灯先闪亮,然后出现终熔读数显示,欲知初熔读数按初熔钮即得。

（四）微量法测沸点

微量法测定沸点的装置见图 3-1-7。取一根内径约 3mm、长度约 8cm 的毛细管,下端用小火封闭,作为沸点管外管。另取内径约 1mm、长度约为 5cm 的毛细管用小火熔化封闭一端,作为沸点管内管。

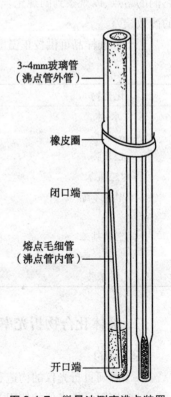

3~4mm玻璃管
（沸点管外管）

橡皮圈

闭口端

熔点毛细管
（沸点管内管）

开口端

图 3-1-7　微量法测沸点装置

测定时,先在沸点管外管中加入 2~3 滴被测液体,把沸点管内管开口向下插入液体。橡皮圈应套在外管上部并将其固定于温度计上,装有液体部分必须位于温度计水银球的中部。将此装置放入提勒管中(温度计的位置与测熔点装置相同)。缓慢加热,由于沸点内管里气体受热膨胀,从有小气泡缓慢逸出变成快速且连续不断地外冒,停止加热,随着温度的降低,气泡逸出的速率也明显地减慢。当观察到气泡不再冒出,液体欲进入内管的瞬间,即沸点内管里的蒸气压与外界压力相等的时刻,记录下此时的温度,即为该液体的沸点。测定时加热速率要慢,外管的液体量要足够多,防止液体全部气化。

取出内管,轻轻挥动以除去管端液体,然后再插入外管中,重复测定 2~3 次,要求各次温度计读数相差不超过 1℃。

注意事项

[1] 样品必须研细,这样样品可装得紧密,避免产生较大的有空气间隙,使熔距加大。

[2] 毛细管底部要封平,否则将会因管壁厚薄不均而使熔距变大。熔点毛细管管底未封好易产生漏管。检查漏管的方法为:将装好样品的毛细管浸入浴液,如样品变黄或管底渗入液体,说明为漏管,应弃去,更换毛细管,重新装样品。

[3] 样品量的多少会直接影响熔点测定结果。样品太少不便观察,熔点偏低;样品太多会造成熔距变大,熔点偏高。

[4] 热浴所用的传热介质,通常有水、浓硫酸、硅油、液体石蜡等,视所需的加热温度选用传热介质。加热温度在 100℃ 以下,最好用水为浴液;温度在 100~140℃,用液体石蜡或甘油;140~250℃,可选用浓硫酸;250~300℃,则可选用热稳定性优良的硅油。

[5] 升温速率不应过快,要保证足够的热传导时间,否则熔点会偏高。

[6] 通常采用纯有机化合物的熔点作为标准校正温度计,选择数种已知熔点的纯化合物,测定它们的熔点,以观察到的纯化合物熔点与其标准熔点比较,就可知道该温度计在此熔点温度附近的读数误差。

若干标准样品可供校正温度计时选用,其熔点见表 3-1-1。

表 3-1-1　温度计校正标准样品

化合物	熔点(℃)	化合物	熔点(℃)
水-冰	0	苯甲酸	122.4
α-苯胺	50	尿素	135
二苯胺	53	二苯羟基乙酸	151
对二氯苯	53	水扬酸	159
苯甲酸苯酯	69.5~71	对苯二酚	173~174
萘	80	3,5-二硝基苯甲酸	205
间二硝基苯	90.02	蒽	216.2~216.4
二苯乙二酮	95~96	酚酞	262~263
乙酰苯胺	114.3		

二、液体化合物折光率的测定

实验目的

1. 了解阿贝折光仪的构造和折光率的测定原理

2. 掌握阿贝折光仪的使用方法

器材和药品

阿贝(Abbe)折光仪	滴管
棉花	擦镜纸
丙酮	无水乙醇

实验原理

折光率是液体化合物的物理常数之一。通过测定折光率可以鉴定有机物和判断有机化合物的纯度。

光在不同的介质中传播的速率是不同的。所以光线从一个介质进入另一个介质,当它的传播方向与两个介质的界面不垂直时,则传播方向在界面处发生改变,这种现象称为光的折射。光从介质 A(空气)射入另一介质 B 时,入射角 α 与折射角 β 的正弦之比即为折光率(n)。

$$n = \sin\alpha / \sin\beta$$

折光率受温度和光线波长的影响。由于介质的密度随温度而变化,因而光在介质中的传播速率也随之改变,波长不同的光束在相同介质中的折射也各不相同,因此在报道某一液体有机化合物折光率时必须注明测定时的温度和光线的波长。折光率通常以 n_D^t 表示,其中 D 表示钠光作为光源(波长为 589nm),t 表示测定时的温度。

一般温度升高 1℃,液体有机化合物的折光率降低 4.5×10^{-4}。因此,为了比较不同化合物的折光率,常将某一化合物在某一温度下测得的折光率用下式换算成其 20℃时的折光率:

$$n_D^{20} = n_D^t + 0.000\,45(t - 20.0)$$

例如,乙酸在 16℃时测量的折光率为 1.373 17, 20℃时的折光率为

$$n_D^{20} = 1.373\,17 + 0.000\,45 \times (16.0 - 20.0) = 1.371\,37$$

实验室常用阿贝折射仪来测定液体有机化合物的折光率,其结构见图3-2-1。当光由介质 A 进入介质 B,如果介质 A 对于介质 B 是光疏物质,即 $n_A < n_B$ 时,则折射角 β 必小于入射角 α,当入射角 α 为 90°时($\sin\alpha = 1$),此时折射角达到最大值,称为临界角,用 β_0 表示。在一定条件下,β_0 是一个常数,它与折光率的关系是:

$$n = 1 / \sin\beta_0$$

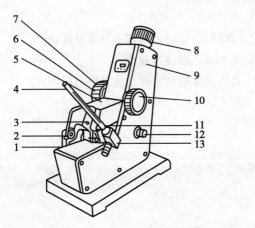
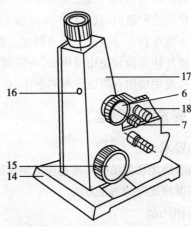

图 3-2-1　阿贝折光仪结构图

1. 反射镜　　2. 转轴折光棱镜　　3. 遮光板　　4. 温度计　　5. 进光棱镜　　6. 色散调节手轮
7. 色散值刻度圈　　8. 目镜　　9. 盖板　　10. 棱镜锁紧手轮　　11. 折射棱镜座　　12. 照明刻度盘聚光镜
13. 温度计座　　14. 底座　　15. 折射率刻度调节手轮　　16. 调节物镜螺丝孔　　17. 壳体　　18. 恒温器接头

通过测定临界角 β_0,可以得到折光率,这就是阿贝折光仪的基本光学原理。

阿贝折光仪采用"半明半暗"法测定 β_0 值,就是让单色光从介质 A 由 0~90° 射入介质 B,这时介质 B 中临界角以内的整个区域均有光线通过,因而是明亮的;而临界角以外的全部区域没有光线通过,因而是暗的,明暗两区域的界线十分清楚。如果在介质 B 的上方用目镜观测,就可看见一个界线十分清晰的半明半暗的现象。

介质不同,临界角也就不同,目镜中明暗两区的界线位置也不一样。通过测定明暗两区的界线相对位置(角度),并经换算,便可得到折光率。阿贝折光仪的标尺上所刻的读数即是换算后的折光率,可直接读出。阿贝折光仪有消色散装置,故可直接使用日光测定。

实验内容

(一)阿贝折光仪操作步骤

1. 开启恒温水浴,通入恒温水(一般为 20℃)[1],若未连接恒温水浴,此项操作可免去。当恒温后,松开锁钮。

2. 开启棱镜[2],使其镜面处于水平位置,滴入 1~2 滴丙酮于镜面上[3],合上镜面,促使镜面上的难挥发污物溶解,再打开棱镜,用丝巾或擦镜纸轻轻擦拭镜面[4]。

3. 打开棱镜,将 2~3 滴待测液均匀地滴在棱镜镜面上[5],要求液体无气泡并充满视场,关紧棱镜。若样品易挥发,可用滴管将样品从棱镜间小槽滴入。

4. 调节反光镜和小反光镜,使两镜筒视场最亮。

5. 旋转棱镜转动手轮,使在目镜中观察到明暗分界线。若出现色散光带,可调节消色散棱镜手轮,使明暗清晰,然后再旋转棱镜转动手轮,使明暗分界线恰好通过目镜中"×"字交叉点。记录从镜筒中读取的折光率,读至小数点后四位,记下温度。

(二)测定内容

测定丙酮和无水乙醇的折光率,分别各测三次,取平均值,并记录测定的温度,换算成 n_D^{20}。

注意事项

[1] 阿贝折光仪的量程从 1.3000 至 1.7000,精密度为 ±0.0001;测量时应注意保温套温度是否正确。如欲测准至 ±0.0001,则温度应控制在 ±0.1℃ 的范围内。

[2] 使用或贮藏时,仪器均不应曝露于日光中。

[3] 不能在折光仪镜面上造成刻痕。滴加液体时,滴管的末端切不可触及棱镜。

[4] 滴加样品前和使用完毕后,均应用丙酮或 95% 乙醇洗净镜面。

[5] 应避免使用有腐蚀作用的液体,有毒样品折光率的测定应在通风橱内操作。

三、旋光度的测定

目的要求

1. 熟悉旋光仪的结构和旋光度的测定原理

2. 掌握旋光度的测定方法

器材和药品

WXG-4 型旋光仪	烧杯(50ml)	擦镜纸
10%葡萄糖溶液	5%葡萄糖溶液	待测葡萄糖溶液(约6%)

实验原理

能使偏振光的振动平面发生偏转的物质,称为旋光性物质。旋光性物质使偏振光的振动平面偏转的角度叫做旋光度。许多有机化合物,尤其是来自生物体内的天然产物,如氨基酸、生物碱和糖类等,都具有旋光性。每一种旋光性物质在一定条件下都有一定的旋光度。

旋光性物质的旋光度数值,不仅取决于这种物质本身的结构和配溶液所用的溶剂,而且也取决于溶液的浓度、样品管的长度、测定时的温度和所用光波的波长。因此规定以钠光作为光源,测定温度20℃时,样品管长度为1dm,样品溶液的浓度为1g/ml时所测得的旋光度为该物质的比旋光度,用$[\alpha]_D^{20}$表示,可用下式换算:

$$[\alpha]_D^{20} = \frac{\alpha}{c \times l}$$

式中:α—旋光仪测得的旋光度;

　　　l—样品管的长度,单位为dm;

　　　D—钠光源(589nm);

　　　c—溶液的浓度,单位是g/ml。

如果被测物质本身是液体,可直接放入旋光管中测定,而不必配成溶液,上式中浓度用密度$d(g/cm^3)$代替。

比旋光度是旋光性物质的物理常数之一。通过测定旋光度不仅可以鉴定旋光性物质,而且可以检测其纯度及含量。

光学纯度(OP)的定义是:旋光性物质的比旋光度除以光学纯该物质在相同条件下的比旋光度。

$$光学纯度(OP) = \frac{[\alpha]_D^i 观测值}{[\alpha]_D^i 理论值} \times 100\%$$

由比旋光度还可计算出对映体在其混合物中的百分含量。设一对对映体分别为X和Y,它们在混合物中所占的百分含量可按下式计算:

$$\begin{cases} X\% = \left\{ \frac{1 + \dfrac{[\alpha]_D^i 观测值}{[\alpha]_D^i 理论值}}{2} \right\} \times 100\% \\ Y = 1 - X \end{cases}$$

测定物质旋光度的仪器称为旋光仪。实验室常用的WXG-4小型旋光仪的外形及光学系统如图3-3-1和3-3-2所示。

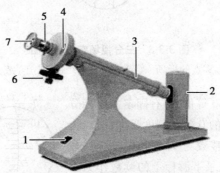

图3-3-1　WXG-4型旋光仪的外形图

1.电源开关;2. 钠光灯;3. 镜筒;4. 度盘游表;

5. 视度调节螺旋;6. 度盘转动手轮;7. 目镜

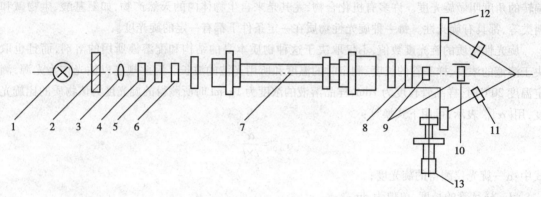

图 3-3-2　WXG-4 型旋光仪的光学系统图

1. 光源；2. 毛玻璃；3. 聚光镜；4. 滤色镜；5. 起偏镜；6. 半波片；7. 试管；8. 检偏镜；9. 物、目镜组；
10. 调焦手轮；11. 读数放大镜；12. 度盘及游标；13. 度盘转动手轮

WXG-4 型旋光仪主要由光源、起偏镜、样品管（也叫旋光管）和检偏镜等几部分组成。光源为炽热的钠光灯，发出波长为 589.3nm 的单色光（钠光）。起偏镜是由两块光学透明的方解石黏合而成的，也叫尼科尔（Nicol）棱镜，它的功用是把通过聚光镜及滤色镜的光变成平面偏振光。半波片（一个由石英和玻璃构成的圆形透明片）是为了提高测量的准确度而加入的，测定时，经起偏镜生成的偏振光通过半波片时，由于石英具有旋光性，从石英中通过的那一部分偏振光被旋转了一个角度，通过半波片的这束偏振光就变成振动方向不同的两部分，通过调节检偏镜，可出现视场中三个区内明暗程度不等的三分视场，如图 3-3-3(a)、(c)所示。只有当检偏镜旋转至某一角度时，三分视场消失，视场中三个区内的明暗程度相等（较暗），这个视场称为零点视场，如图 3-3-3(b)所示，这一位置标记为零度。当测定管中装入旋光性物质后，该物质能将从起偏镜和石英片射出的偏振光的偏振面均旋转一定角度 α，此时零点视场消失，又出现三分视场，只有将检偏镜也旋转 α 角度（可由与其联动的标尺盘上读出），才能使三分视场消失，重现零点视场，这个 α 角度即为被测物质的旋光度。

用蒸馏水校正零点和测定样品时，均需调出零点视场后方可读数。

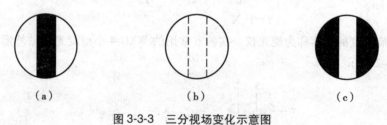

（a）　　　　　　　　　（b）　　　　　　　　　（c）

图 3-3-3　三分视场变化示意图

（a）大于（或小于）零点的视场　（b）零点视场　（c）小于（或大于）零点的视场

读数方法：刻度盘分为 360 等份，并有固定的游标分为 20 等份。读数时先看游标的 0 落在刻度盘上的位置，记录下整数值，如图 3-3-4 中整数为 9，再利用游标尺与主盘上刻度线重合的方法，记录下游标上的读数作为小数点以后的数值，可以读到两位小数（如果两个游标窗读数不同，则取其平均值）。此时图中为 0.30，所以最后的读数为 $\alpha = +9.30°$。

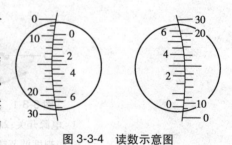

图 3-3-4　读数示意图

使偏振光平面顺时针方向旋转的旋光性物质叫做右旋体,反时针方向旋转的叫左旋体。实际工作中,不能通过一次测定判断某物质是右旋还是左旋,因为通过旋转刻度盘可在目镜里观察到两次零点视场。例如,某物质在+10°出现一次零点视场,则在-170°一定又出现一次零点视场,即顺时针转10°与反时针转170°得到同样的结果。因此不能判断旋光度是+10°还是-170°,为了确定旋光方向是右旋还是左旋,可采用两次测定法,即把溶液浓度降低,或者将旋光管的长度减少一半,如果此时得到一个在0°至10°之间,另一个在-170°至-180°之间的零点视场,则可判定此物质一定是右旋,因为浓度降低旋光度也应降低。反之,如果浓度降低后,得到一个大于+10°和一个小于-170°的零点视场,则可判定此物质为左旋。

实验内容

1. 接通电源,等待3~5分钟使灯光稳定[1]。

2. 零点的校正　用蒸馏水冲洗旋光管数次,然后装满蒸馏水,使液面刚刚凸出管口,取玻璃盖沿管口壁轻轻盖好,不能盖进气泡,旋上螺丝帽盖,使其既不漏水也不太紧。管内如有气泡存在,需将气泡赶至旋光管的凸起处,若气泡过大,则需重新装填。装好后,将样品管外部拭净,以免沾污仪器的样品室。

旋转目镜上的视度调节螺旋,直到三分视场清晰。转动度盘手轮,找出两种不同视场(图3-3-3(a)、(c)),然后在两种视场之间缓缓转动刻度盘手轮,使三分视场明暗程度均匀一致,即零点视场(图3-3-3(b))[2]。按游标尺原理读出刻度盘上所示数值。如此重复测定三次,取其平均值即为仪器的零点值,测样品时在读数中减去该数值即可。

3. 样品的测定　取出旋光管,用待测液冲洗三次,加满待测液。用上面相同方法找出零点视场,在刻度盘上读数,重复三次,取平均值,即为旋光度的观测值,由观测值减去零点值,即为该样品真正的旋光度。

(1)用上述方法分别测定10%葡萄糖溶液、5%葡萄糖溶液的旋光度,然后计算它们的比旋光度。

(2)测定浓度未知的葡萄糖溶液的旋光度,由文献查比旋光度,计算其浓度。

实验结束以后先用自来水,再用蒸馏水冲洗旋光管,然后用吸水纸揩干[3]。

注意事项

[1]钠光灯使用时间不宜超过4h,在连续使用时,不应经常开关仪器,以免影响其使用寿命。

[2]零点视场的特点是亮度均匀,但较昏暗,且对角度变化非常敏感,测定时应注意与另一明度、亮度也均匀一致的视场相区别。

[3]旋光管使用后,特别在盛放有机溶剂后,必须立即洗涤,避免两头衬垫的橡皮圈因接触溶剂而损坏,旋光管洗涤后不可置于烘箱内干燥,因玻璃与金属的膨胀系数不同,将造成破裂。用后可晾干或以乙醚冲洗数次后晾干。此外,旋光管两端的圆玻片为光学玻璃,必须小心用软纸擦,以免磨损。

思考题

(1)一个外消旋体的光学纯度是多少?

(2)测定旋光度时为什么样品管内不能存在气泡?

(3)测定样品时,如何判断其旋光方向?

四、色谱分析

实验目的

1. 了解色谱分析的基本原理、方法和实际应用

2. 掌握柱色谱、薄层色谱和纸色谱的操作技术

器材

具砂芯色谱柱 20cm×1cm	分液漏斗 125ml
微型色谱管 15cm×0.5cm	量筒 10ml,100ml
漏斗	锥形瓶 50ml
研钵	烧杯 100ml
玻璃棒	色谱缸
滴管	具塞大试管
试管	移液管 5ml
电吹风	载玻片 150mm×30mm
毛细管	铁架台
新华 2 号色谱滤纸条 12cm×1cm	脱脂棉
小木框	大头针
图钉	

药品和试剂

细砂	中性氧化铝 80~100 目	中性氧化铝 100~200 目	无水硫酸钠
薄层色谱用硅胶 G	5g/L 羧甲基纤维素钠	饱和氯化钠溶液	无水乙醇
95%乙醇	50g/L 氢氧化钠溶液	10g/L 亚甲基兰醇溶液	石油醚
丙酮	10g/L 甲基橙醇溶液	汽油	甲基橙
荧光黄	冰醋酸	乙醇	乙酸乙酯
芸香苷提取液	1%芸香苷乙醇溶液	甲酸	丁醇
醋酸	0.2%茚三酮乙醇溶液	蒸馏水	
谷氨酸、蛋氨酸与丙氨酸混合溶液			

实验原理

色谱分析又称层析法或色谱法,是一种分离和分析有机化合物的方法。现代色谱技术具有分离和分析两种功能,它既能排除复杂组分间的相互干扰将各组分从空间上分开,又能对各组分逐个进行定性和定量分析,因而现代色谱分析技术非常适合成分复杂的混合物分析,在分离、纯化和鉴定有机化合物方面有着重要而广泛的应用。

色谱分析的基本原理是利用不同物质在固定相和流动相中溶解、吸附、分配、离子交换或其他亲和作用的差异,使混合物中的不同组分随流动相运动时呈现不同的运动速率,从而在固定相上达到分离的效果。根据分离原理,色谱分析又可以分为吸附色谱、分配色谱、离子交换色谱与排阻色谱等。

吸附色谱(absorption chromatography)利用吸附剂表面对被分离物质不同组分吸附性能的差异,用溶剂或气体(流动相)洗脱,以使混合组分分离。常用的吸附剂有氧化铝、硅胶、聚酰胺等有吸附活性的物质。

分配色谱(partition chromatography)利用不同组分在流动相和固定相之间的分配系数(或溶解度)不同,而使之分离的方法。常用的载体有硅胶、硅藻土、硅镁型吸附剂与纤维素粉等。

离子交换色谱(ion-exchange chromatography)利用不同组分对离子交换剂亲和力的不同,而进行分离的方法。常用不同强度的阳、阴离子交换树脂,流动相一般为水或含有有机溶剂的缓冲液。

排阻色谱又称凝胶色谱或凝胶渗透色谱,是利用被分离物质分子量大小的差异和在填料上渗透程度的不同,以使被分离的化合物分离。常用的填料有分子筛、葡聚糖凝胶、微孔聚合物、微孔硅

胶或玻璃珠等,可根据载体和试样的性质,选用水、有机溶剂或两者的混合物为流动相。

根据操作方法的不同色谱分析可分为:柱色谱法、薄层色谱法、纸色谱法、气相色谱法、高效液相色谱法等,其中普通有机实验室中常用的是柱色谱法和薄层色谱法。

柱色谱法又称柱层析,是最原始的色谱方法,被广泛应用于混合物(包括有机合成产物、天然提取物以及生物大分子)的分离。柱色谱根据分离原理可分为吸附柱色谱和分配柱色谱。吸附柱色谱常用氧化铝和硅胶为吸附剂。分配柱色谱以硅胶、硅藻土和纤维素为支持剂,以支持剂中吸附的液体作为固定相,而支持剂本身不起分离作用。分配柱色谱利用混合物在固定相和流动相两种不相混溶的液体之间的溶解度不同而将各组分分离,属于液-液色谱。本实验主要讨论吸附柱色谱。吸附柱色谱的装置如图 3-4-1 所示。

吸附柱色谱是把吸附剂(常用氧化铝或硅胶)装在色谱柱中作为固定相,当向柱中加入待分离的混合物溶液时,待分离的混合物吸附在柱顶端的吸附剂上,然后选择适当极性的溶剂作为流动相,使其以一定速率通过色谱柱,对待分离的混合物进行洗脱,已被吸附在柱上的成分又重新溶解于流动相中而被洗脱,随着流动相向下移动,已被洗脱的成分遇到新的吸附剂又再次被吸附,这样待分离的混合物随着流动相通过色谱柱,在固定相上发生吸附—解吸—再吸附—再解吸的反复过程。作为固定相的吸附剂对混合物中各组分的吸附能力不同,与固定相间吸附作用弱的组分在柱内的移动速率快,与固定相间吸附作用强的组分在柱内的移动速率慢,这样混合物中各组分随流动相经过一段时间流动后在柱中的相对位置就彼此分离了。

柱色谱的分离效果与吸附剂颗粒大小相关。吸附剂颗粒小,表面积大,吸附能力高;但颗粒小,固定相的密度大,溶剂的流动速率就慢。通常柱色谱吸附剂粒度在 100~200 目。色谱柱的直径与高度之比为 1∶10~1∶40,吸附剂用量应为样品量的 30~50 倍。柱色谱有湿法装柱与干法装柱两种。

薄层色谱法又称薄层层析(thin layer chromatography,TLC),是应用非常广泛的色谱方法,其成本低廉操作简单,主要用于样品纯度的鉴定、跟踪有机合成反应进程等。薄层色谱与柱色谱的原理相同,也可以分为吸附色谱和分配色谱,但最常用的为吸附薄层色谱。吸附薄层色谱是在玻璃板上均匀地铺一层吸附剂作为固定相,用毛细管将样品点在板的一端,把板放在合适的展开剂里(流动相)。展开剂带着混合物组分移动时,组分被吸附剂不断地吸附,又不断地被展开剂溶解解吸而向前移动。由于吸附剂对不同组分有不同的吸附能力,展开剂也有不同的解吸能力,因此在展开剂向前移动的过程中,不同的组分移动的速率不同而形成了互相分离的斑点而得以分离。通常用比移值(R_f)表示物质移动的相对距离,如图 3-4-2 所示。

$$R_f = \frac{色斑最高浓度中心至原点中心的距离(a)}{展开剂前沿至原点中心的距离(b)}$$

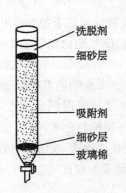

图 3-4-1 吸附柱色谱装置

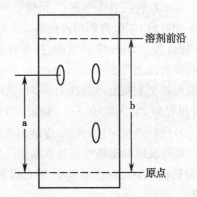

图 3-4-2 R_f 值计算示意图

　　化合物的比移值随吸附剂、展开剂、薄层厚度及均匀度和温度等不同而异,但在一定条件下每一种化合物的比移值都为一个特定的数值。故在相同条件下分别测定已知化合物和未知化合物的比移值,再进行对照,即可鉴别未知化合物。

　　纸色谱是一种分配色谱,滤纸作为载体,纸纤维上吸附的水为固定相,与水不相混溶的有机溶剂作为流动相,利用待分离的混合物中各组分在固定相中的溶解性(或称分配作用)的差异,待分离物中各组分在固定相和流动相间不断进行分配、迁移,致使各组分的迁移速度不同而获得分离。与薄层色谱一样,纸色谱也可用比移值(R_f值)通过与已知物对比的方法,作为鉴定化合物的手段,其 R_f 值计算方法同薄层色谱法。这种方法特别适用于极性大或多功能团化合物如氨基酸、碳水化合物和天然色素等的分离与鉴定。

实验内容

(一) 柱色谱

　　1. 亚甲基蓝和甲基橙的分离　色谱柱管底垫少许棉花[1],固定于铁架台,关好活塞,加 20ml 无水乙醇,称取 8g 柱色谱用氧化铝,经漏斗缓慢加入色谱柱中,同时轻轻拍打色谱柱使氧化铝均匀地自然沉降,加毕,取少量无水乙醇清洗管壁上的氧化铝。打开管底的活塞,使溶剂缓慢滴出,氧化铝随着溶剂流动继续下沉,直至沉降停止,在装好的氧化铝表面覆盖一张略小于内径的滤纸,继续放出溶剂直至 Al_2O_3 表面仅留一薄层的溶剂[2]。用长颈滴管滴加样品溶液(0.05%甲基橙和0.25%亚甲基蓝混合乙醇溶液)0.5ml。

　　打开活塞使样品进入吸附剂[3](勿使流干),关闭活塞,加无水乙醇 0.5ml,打开活塞,使蓝色谱带完全进入吸附剂,关闭活塞,重复以上操作一次,观察到蓝色谱带逐渐下移。继续用无水乙醇洗脱,使蓝色谱带完全洗脱下来,收集蓝色洗脱液于第一个三角锥形瓶中,改用稀氢氧化钠溶液作洗脱剂,洗脱黄色谱带,操作步骤与以无水乙醇作洗脱剂的操作步骤相同,使黄色谱带完全洗脱下来,收集洗脱液于第二个三角锥瓶中,取少量黄色洗脱液,加 0.1mol/L HCl 溶液,溶液颜色由黄变红,记录实验现象。

　　2. 绿色叶中色素的分离　绿色植物(如菠菜、南瓜、大红花、冬青等)的叶子都含有胡萝卜素、叶绿素和叶黄素等色素,可用氧化铝柱色谱将它们分离。

　　取拭干叶面水分的绿叶约 2g,剪碎置于研钵中,加无水乙醇 15ml 研磨捣烂。将乙醇液过滤,滤液加到分液漏斗中,用 5～6ml 汽油提取色素,分离、弃去下层液,用 20ml 饱和氯化钠溶液分两次洗涤上层汽油提取液,将汽油层倾倒于试管中,加无水硫酸钠 1～2g,加塞,振摇,静置几分钟,以除去汽油层中的水分。过滤,除去无水硫酸钠,保存汽油液。

　　取 20cm×1cm 具砂芯的色谱柱一支[4],沿管壁慢慢地加入汽油 5～6ml,再经漏斗均匀缓慢地加入中性氧化铝(80～100 目)至吸附剂约占柱高 2/3 处止(湿法装柱),注意使其装平、装实[5]。当氧化铝不再沉降,在柱顶盖上 2mm 厚的细砂,打开柱下口活塞,使汽油以每秒钟 1～2 滴流速流出。柱顶溶剂要保持在砂面以上[6]。

　　待柱内汽油液面降至上层细砂面约 1mm 时,立即加入已经干燥的色素提取液约 1ml。待色素液面与吸附剂面相近时,加入约 0.5ml 汽油。当液面再降至与吸附剂面相近时,加入洗脱液(丙酮:汽油＝1:9)进行洗脱。这时柱上逐渐出现色谱带,下层橙色色素(胡萝卜素)慢慢下移至柱底,更换接收器,接收洗脱液至橙色胡萝卜素完全洗脱。更换接收器,改用洗脱剂(丙酮:汽油＝1:1)继续洗脱,分别收集不同颜色的组分,即可得黄色的叶绿素 b 和黄绿色的叶绿素 a。

(二) 纸色谱

　　取色谱用滤纸一张,在准备过程中手不要接触纸条中部[7],在其上端距边缘约 1cm 处的中央剪一小孔。将滤纸条平放于洁净的纸上,在距离滤纸下端 1cm 处用铅笔轻轻画一横线,并在横线的中央画一直径约为 2mm 的小圆圈。

用点样管吸取待分离的氨基酸混合液[8],在滤纸条下端的小圆圈内沾一下,让混合液流入纸条(切勿点样过多,以免扩散出小圆圈外)[9],让其在空气中晾干。

取一干燥大试管,选配好软木塞,加入被水饱和的酚溶液[10]10ml,注意勿使溶液沾到试管壁上,将试管垂直固定好。

将滤纸条上端小孔处穿一棉线,棉线左右分开,使滤纸垂直悬挂于试管内(下端用大头针别住,以便垂直固定)。调节棉线的高度使滤纸下端浸入酚溶液 0.5cm,注意勿使点样浸入溶液中,亦勿使滤纸接触试管壁,塞好木塞,静置。此时即看到溶剂向上移动,溶剂升到离滤纸上端 3~5cm 时,小心将纸条取出,用手指捏住上端,以铅笔标出溶剂上升的前沿。

将滤纸条两端,用大头针钉在小木框上,用热风吹干,干后用喷雾器均匀地薄薄喷一层 0.2% 茚三酮乙醇溶液,然后再将滤纸条以热风吹干,即可看到纸上显出若干色斑,每个色斑代表一种氨基酸。

用刻度尺分别测量点样的小圆圈中心至各色斑点中心的距离,再测量自小圆圈中心至溶剂前沿的距离并计算各色点的 R_f 值,根据教师供给的三种氨基酸的 R_f 值确定此三个色点各为何种氨基酸。留在大试管内的酚溶剂切勿弃去,塞紧塞子,以待下班同学使用。

(三)薄层色谱

1. 薄层板的制备(湿板的制备) 薄层色谱最常用的吸附剂是氧化铝和硅胶,薄层色谱用硅胶通常有三种,硅胶 H(不含黏合剂)、硅胶 G(含煅石膏黏合剂)和硅胶 HF254(含荧光物质,可用于波长为 254nm 紫外光下观察荧光)。黏合剂除煅石膏(半水合硫酸钙:$2CaSO_4 \cdot H_2O$)外,还可用淀粉、羧甲基纤维素钠。薄层板的制备方法可分为干法和湿法两种,实验室最常用的薄层板的制备方法是湿法薄层板的制备法。

取 1.5g 硅胶 H 置于研钵中,加入 5g/L 羧甲基纤维素钠清液 4~6ml,调成均匀糊状后,立即倾于洁净载玻片上,用手左右摇晃,然后用手轻轻震动至液面平坦。将薄层板放于水平平面上晾干后,进行活化。大量铺板或铺较大板时,也可使用涂布器。吸附剂的厚度要适中,吸附剂太厚展开时会出现拖尾,太薄样品分不开,吸附剂厚度一般为 0.5~1mm。湿板铺好后,放在比较平坦的地方自然干燥,快速干燥会使薄层板出现裂痕。

涂布好的薄层板置于室温晾干后,放在烘箱内加热活化,活化条件根据需要而定。硅胶板一般在烘箱中渐渐升温,维持 105~110℃ 活化 30 分钟。氧化铝板在 200℃ 烘 4h 可得到活性为 Ⅱ 级的薄板,在 150~160℃ 烘 4h 可得活性为 Ⅲ~Ⅳ 级的薄板。活化后的薄层板放在干燥器内保存备用。

2. 薄层色谱

点样:通常将样品溶于低沸点溶剂如丙酮、甲醇、乙醇、氯仿、苯、乙醚和四氯化碳中,配成 1% 的溶液,用内径小于 1mm 且管口平整的毛细管点样。在距薄层板一端 1cm 处用铅笔轻轻划一条直线(划线时不能将薄层板表面破坏)作为起点线。用毛细管吸取样品溶液,垂直地轻轻点在起点线上,然后立即抬起,待溶剂挥发后,再点第二次。如果样品浓度低可多点几次,一般重复 2~3 次,点样后斑点直径以扩散成 1~2mm 为宜。点样太多斑点过大易发生交叉或拖尾现象,点样太少时有些成分不易显示出来。若在同一板上点几个样品,样点间距离应为 1~1.5cm。点样后的薄层板待溶剂挥干后再放入色谱缸中进行展开。

展开:薄层色谱展开剂的选择主要考虑样品的极性、溶解度和吸附剂的活性等因素。溶剂的极性越大,则对化合物的洗脱能力也越大,化合物的 R_f 值也越大。在色谱缸中注入配好的展开剂,将薄层板点有样品的一端放入展开剂,注意点样点不能浸没于展开剂中,密闭色谱缸如图 3-4-3 所示。在展开过程中,样品斑点随着展开剂向上迁移,待展开剂上升到距薄层板另一端约 1cm 时,立刻取出薄层板,用铅笔或小针划出溶剂前沿线的位置。晾干或用电吹风吹干。

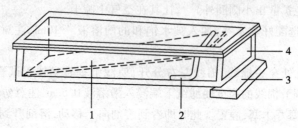

图 3-4-3 薄层色谱的展开装置
1. 薄层板 2. 薄层支架 3. 垫板 4. 色谱缸

显色:本身有颜色的化合物,样品展开后,可直接看到斑点的位置。如化合物无色,可用显色剂(如浓硫酸,碘等)进行显色,也可用紫外光显色法确定斑点位置。

计算 R_f 值:将薄层板上分开的样品点用铅笔圈好,计算各组分的比移值(R_f 值)。通过比移值的对照,可对未知化合物鉴别,或对试样是否纯净作出判断。

(1)色素的薄层色谱

试样:1% 甲基橙乙醇溶液,1% 荧光黄乙醇溶液,两者乙醇溶液的等量混合液。

展开剂:18% 醋酸溶液。

由于样品具有颜色,故不用显色剂。

晾干后可直接量出每个色斑最高浓度中心至原点中心的距离,并分别计算各色斑的 R_f 值。再与混合样点 R_f 值比较,验证混合试样的组成。

(2)芸香甙的薄层色谱

试样:槐花米乙醇提取浓缩液(芸香甙提取液)、1% 芸香甙乙醇溶液。

展开剂:乙酸乙酯 6ml、丙酮 2ml、甲酸 0.5ml、水 1ml 的混合溶液为展开剂。

热风吹干后便显出黄色色斑,不需用显色剂。与已知芸香甙色斑比较并计算 R_f 值。

注意事项

[1] 脱脂棉起支撑吸附剂作用,过多或过实会影响洗脱速率。

[2] 切勿使柱中吸附剂表面的溶剂流干。若流干之后再补加溶剂,往往使吸附剂层留有气泡或造成裂缝影响分离效果。

[3] 要控制淋洗溶液流出的速度。一般控制流速为每秒 1 滴。若流速太快,样品在柱中的吸附和溶解过程来不及达到平衡,影响分离效果。若流速太慢,分离的时间又拖得太长。有时,样品在柱中停留时间过长,可能促使某些成分发生变化。

[4] 具砂芯的色谱柱,柱底部不需加棉花和砂子。

[5] 可轻叩色谱柱,这样可使柱顶形成较好的水平面并能装实。

[6] 已装好的柱子必须保持一定的液面,以免干柱,影响分离效果。

[7] 在实验过程,不要用手触摸滤纸条中部,因为手上汗印在纸上会产生多余斑点而干扰实验结果。

[8] 氨基酸混合液(将谷氨酸、蛋氨酸各 3 毫克与丙氨酸 2 毫克溶于 0.5ml 蒸馏水中即成,制备后须放在冰箱内保存,并尽可能当天配制。

[9] 点样量要适当,太少显色效果不明显,太多易出现拖尾现象,分离效果不好。

[10] 被水饱和的苯酚溶液:取新鲜蒸出的苯酚约 50 克及蒸馏水 30ml 放在分液漏斗内,用力振摇后,放置 7~10 小时,使分成二层取出下层应用。

五、计算机模型作业

实验目的

1. 熟悉化学绘图软件 ChemBioDraw 和 Chem3D 的基本操作
2. 掌握用 ChemBioDraw 绘制简单有机化合物平面结构
3. 熟悉用 ChemBio3D 观察有机化合物立体结构的方法

概述

ChemBioDraw 和 Chem 3D 都是 ChemBioOffice 的组件。ChemBioOffice 是由 CambridgeSoft 开发的综合性科学应用软件包,是为广大从事化学、生物研究领域的科研人员使用而设计开发的产品。Chem-BioDraw(旧版该软件名称为 ChemDraw)是 ChemBioOffice 中最重要的一员。由于它内嵌了许多国际权威期刊的文件格式,近几年来成为了化学界出版物、稿件、报告、CAI 软件等领域绘制结构图的标准。

ChemBioDraw 可编辑与化学和生物有关的绝大多数图形。如:建立和编辑各类分子式、方程式、结构式、立体图形、对称图形、轨道等,并能对图形进行翻转、旋转、缩放、存储、复制、粘贴等多种操作。ChemBioDraw 作为化学和生物工作者必须的绘制软件,它的使用已成为一门最基本的技能。

(一) ChemBioDraw 的基本操作 *

首先从官网 http://www.cambridgesoft.com 下载 chemBioffice 软件,该软件有 30 天免费试用期,试用期后需购买注册方可使用。具体启动 ChemBioDraw 方法:开始菜单→ 程序 → ChemBioOffice 2010 → ChemBioDraw Ultra12.0,或双击桌面上的 ChemBioDraw Ultra 12.0 图标,出现如图 3-5-1 所示窗口。

图 3-5-1　ChemBioDraw 窗口

---

* 此处介绍的内容基本适用于 ChemDraw8.0 以上的版本

ChemBioDraw 作为化学制图软件,提供的工具栏可以直接绘制很多有机化学结构式、实验仪器、计算分子能量等。其主要的快捷工具栏如图 3-5-2。

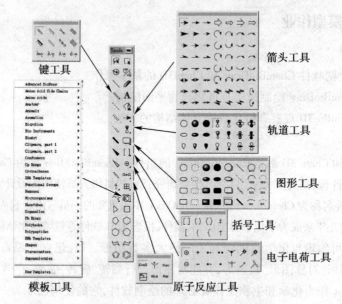

键工具

模板工具

箭头工具

轨道工具

图形工具

括号工具

电子电荷工具

原子反应工具

图 3-5-2 ChemBioDraw 工具栏详解

1. 用绘图工具画有机化合物的结构式

(1)画各种化学键

设置固定键长:文件(File)菜单中选择 Document Settings,然后点击 Drawing 出现化学键参数的文本框,在 Fixed Length 文本框中按需求输入键长值(例如:0.8cm),点击 OK,则键长固定为 0.8cm,此文档中所有的化学键键长均为 0.8cm。新设置键长只对当前文件中新画的键产生影响。对于化学键长的设定,不同的杂志要求也时不同的。可以根据杂志要求设定化学键参数。方法如下:文件(File)菜单中选择 Apply Document Setting from,选择杂志名称,则按所画的化学键长则按杂志要求全部设定好。

画单键:绘画工具栏(Toolsbar)如图 3-5-2 所示。按住工具栏左 3 按钮,在空白区域拖曳。

画双键:按下绘画工具栏左 3 按钮,从已存在的单键的一端拖至另一端,单键变双键。单击已存在的双键中部,可在双键的三种排列方式(Above、Below、Centered)间转换。亦可点击左 4 键工具,从键工具扩展菜单中选择双键按钮,按住在空白区域拖曳即可。

画叁键:按下绘画工具栏左 3 按钮,从已存在双键的一端拖至另一端,双键变叁键。若从存在的叁键的一端拖至另一端,原叁键变单键。亦可点击左 4 键工具,从键工具扩展菜单中选择叁键按钮,按住在空白区域拖曳即可。

画楔形键:按下绘画工具栏左 9(或 8、10)按钮,在空白区域拖拽。单击楔形键的中部,可改变楔形键的方向。

(2)标注原子

使用 Text 工具标注原子:按下绘画工具栏右 4 按钮,单击结构式中某原子团,在该处出现一文本框,在其中输入原子符号,输入内容的字体、字型和字号可通过 Text 菜单中的 Font、Size and Style 进行改动。

删除或修改原子标注:按下工具栏右 3 按钮 Eraser 工具,然后单击原子标注删除,亦可用上述 Text 工具修改原子标注。

（3）画各种环结构及烃链：ChemBioDraw 工具栏中有 10 个环工具，位于绘图工具栏下方。

画单环：点击相应的环工具，在文本窗口中，按下左键。

添加环：点击环工具，单击文本窗口已存在的某键，环与该键融合，单击某原子，环与该原子相连。

画环己烷椅式构象：环己烷椅式构象有两个。点击所需的构象工具，按下左键得水平方向的环己烷椅式构象，同时按下 Shift（Shift+Click）得垂直方向的环己烷椅式构象。按下左键拖拽可得各个方向的环己烷椅式构象。

画苯环和环戊二烯：苯环和环戊二烯结构方向可以改变。改变方式同上。

画脂肪烃链：点击工具栏左 11 按钮，在文本区域按下左键拖拽至所需键数，反向拖拽会减少键数。

2. 用模板工具（templetes）工具画有机化合物分子结构 利用现成的模板来画有机化合物结构，既可节省绘图时间，又可规范结构图型。ChemBioDraw 的模板工具在工具栏右 13 按钮。模板工具中有氨基酸、芳香化合物、DNA 和玻璃仪器等 27 类模板图形，可直接调用，功能十分强大。

3. 给出复杂有机结构式英文名称 ChemBioDraw 可依据画的有机化合物化学结构自动给出相应化学名称的。点击工具栏右 1，将化学结构式选中，然后打开结构（Structure）菜单，选择 Convert Structure to name，软件自动化合物的英文名称。

4. 给出有机化合物名称调用其化学结构 ChemBioDraw 可依据输入的有机化合物名称自动给出相应的化学结构。利用文本框，输入化合物的名称，点击工具栏右 1，将名称选中，然后打开结构（Structure）菜单，选择 Convert name to Structure，软件自动给出化合物的结构。

5. 选择工具的使用 选择工具在工具栏左 1 和右 1，点击选择工具后，最近画的对象被选中。

选择单一目标：点击选择工具图标，鼠标指向某一目标，该处出现亮点，单击目标。

选择整个结构：点击选择工具图标，双击结构中的一个原子或一根键。

增加选择目标：Shift+Click

全选：Edit 菜单中选择 Select All

去选择：单击选择区外的空白区域，或按下 Shift 键，双击要去选择的目标。

6. 移动、复制、旋转、放大或缩小目标

移动对象：先选中某对象，鼠标指向选择对象，鼠标指针变成一只手，拖拽。

复制对象：选中某对象，Ctrl+拖拽，或用 Copy、Paste 工具复制。

旋转目标：鼠标指向选择框右上角，出现弧形双箭头，拖拽。

放大或缩小目标：鼠标指向选择框右下角，出现双箭头，拖拽。

（二）用 ChemBio3D 观察化合物的立体结构

ChemBio3D（旧版该软件名称为 Chem3D）可用于观察有机化合物的立体结构。ChemBioDraw 和 ChemBio3D 都是 ChemOffice 的组件，只要安装 ChemOffice，就有绘制平面和立体结构的工具。

启动 ChemBio3D：开始菜单→程序→ ChemBioOffice2010 → ChemBio3D Ultra 12.0，或双击桌面上的 ChemBio3D Ultra 12.0 图标，出现图 3-5-3 ChemBio3D 窗口。

1. ChenBio3D 工具栏介绍 ChenBio3D 作为立体制图软件，提供的工具栏可以移动旋转分子结构，以便更好的观察。其主要的快捷工具栏如图 3-5-3 所标注。

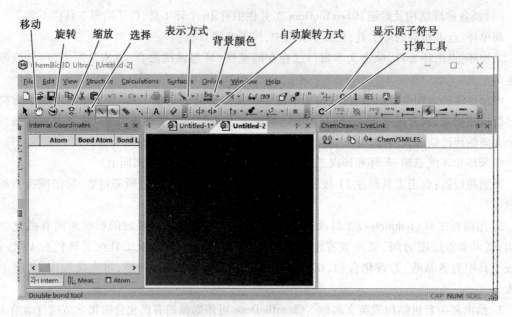

图 3-5-3　ChemBio3D 窗口

2. ChenBio3D 背景的设置　点击视图(view)菜单,选择 Model Display 中的 Background Color,可以选择不同的背景颜色。

3. 3D 结构的表示方法　ChenBio3D 软件中提供了不同形式的表示有机分子立体结构式的方法。点击视图(view)菜单,选择 Model Display 中的 Disply Mode,会出现线性模型、棒模型、球棒模型、比例模型等有机分子立体结构表示方式,可以根据需求选择不同立体结构表示方法。

4. 3D 结构的绘制

方法一:将上述 ChemBioDraw 中所画的平面结构式复制后,在 ChenBio3D 窗口内粘贴,即可旋转并观察其立体结构。

方法二:可以在 ChenBio3D 窗口右侧空白处自行绘制平面结构。其立体结构将在中间区域自动出现。

5. 构象的绘制　ChenBio3D 软件自动提供优势构象。例如环己烷,输入平面结构,将自动出现环己烷的椅式优势构象。如需绘制非优势构象,则需利用选择工具选择不同的原子进行移动,调整空间位置,建立所需构象。

6. 旋转的 ChenBio3D 立体构象　ChenBio3D 除了可以绘制分子的立体结构,同时还具有动态演示的功能。ChemBio3D Ultra 12 中有多种旋转选项可供选择,进行不同的选择可以完成不同的旋转,熟悉并了解这些旋转控制按钮可以旋转 ChemBio3D Ultra 12 立体结构。

(1)旋转轴按钮。点击该按钮右侧的倒三角下拉菜单,用户可以选择围绕 X 轴、Y 轴、Z 轴进行旋转,这是旋转之前就要选择好的。默认情况下,按照 Y 轴旋转,选择框如下如所示:

(2)单向旋转按钮 。用户只要点击这个按钮就可以单向地选择结构,默认情况下是从左至右旋转。

(3)双向选择按钮 。用户只要点击这个按钮就可以双向地选择结构,类似振荡状态。

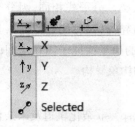  

图 3-5-4　ChemBio3D 旋转轴按钮　　图 3-5-5　ChemBio3D 变速按钮　　图 3-5-6　ChemBio3D 振幅按钮

（4）变速按钮。点击该按钮右侧的倒三角下拉菜单,用户只要拖动变速块就可以调节旋转速度,变速块越往右旋转速度越快。

（5）振幅按钮。点击该按钮右侧的倒三角下拉菜单,用户只要拖动滑块就可以改变结构的旋转振幅,滑块越往右,振幅越大。

实验内容

1. 画出乙烷和 1,2-二氯乙烷的结构式,在 ChemBio3D 中旋转,观察对位交叉式、邻位交叉式、部分重叠式和全重叠式构象。

2. 画出环已烷的结构式,了解椅式构象较船式构象稳定的原因,判断并指出椅式构象的 a 键与 e 键,对称轴和环平面,分析 e 取代物较 a 取代物稳定的原因。在 ChemBio3D 中旋转并观察其立体结构。

3. 画出 1,2-二氯乙烯、1,1-二氯乙烯和环已烷-1,4-二羧酸的结构式,了解顺反异构体现象及形成条件。在 ChemBio3D 中旋转并观察其立体结构。

4. 画出甘油醛、α,β-二氯丁酸和酒石酸的结构式,了解旋光异构现象。在 ChemBio3D 中旋转并观察其立体结构。

六、模型作业

目的要求

1. 熟悉有机化合物中碳原子的 3 种杂化方式和有机分子的立体结构

2. 熟悉有机化合物的异构现象

实验原理

在有机化合物中,碳原子一般都是 4 价的。根据杂化轨道理论,碳原子有 3 种杂化类型:sp^3 杂化、sp^2 杂化和 sp 杂化。甲烷的碳原子是 sp^3 杂化的,4 个杂化轨道的能量相等、形状相同,分别对称地指向正四面体的 4 个顶点,互相之间的夹角为 109°28′。sp^3 杂化轨道与其他原子成键时形成 σ 键,σ 键有轴对称性,两成键原子可相对自由旋转。通过双键与其他原子相连的碳原子是 sp^2 杂化的,3 个杂化轨道在同一平面内,互成约 120° 的夹角,未参加杂化的 p 轨道与这一平面垂直。在双键化合物分子中,碳原子的 3 个 sp^2 杂化轨道分别与其他原子形成 3 个 σ 键,未杂化的 p 轨道与其他原子的 p 轨道形成一个 π 键,且 π 键垂直于 3 个 σ 键所形成的平面,π 电子云对称分布于平面的上下方,没有轴对称性,故以双键相连的两个碳原子不能自由地旋转。通过叁键与其他原子相连的碳原子是 sp 杂化的,两个杂化轨道为直线型分布,之间的夹角为 180°,两个未杂化的 p 轨道相互垂直并与杂化轨道垂直。叁键中含一个由 sp 杂化轨道形成的 σ 键,两个由未杂化的 p 轨道形成的相互垂直的 π 键,这两个 π 键又与 σ 键键轴直交,因此叁键也不能自由旋转。

同分异构现象在有机化合物中极为普遍且类型较多,可分为两大类。分子式相同,因分子中原子或原子团的结合方式和排列顺序不同而产生的异构现象称为结构异构(又称构造异构),如碳架异构、位置异构、官能团异构、互变异构;分子的结构相同,因分子中的原子或原子团在空间的排列方式不同而产生的异构现象称为立体异构,如顺反异构、旋光异构和构象异构。

模型材料

有机化合物球棒模型一套(要求球上有若干小孔,其角度符合 sp^3、sp^2、sp 杂化轨道及未杂化的 p 轨道的理论角度)

实验步骤

1. 碳链异构和位置异构

(1)乙烷、乙烯和乙炔:做出乙烷、乙烯和乙炔的分子模型,比较 sp^3、sp^2 和 sp 杂化碳原子的键角区别,指出哪些键可以自由旋转,哪些不能。注意观察乙烯分子中各原子的共平面性,π 键与 σ 键平面的垂直关系,乙炔中两个 π 键的相互垂直。

(2)丁烯:做出丁烯各种异构体的模型,了解位置异构与碳链异构的产生原因及区别。

2. 构象异构

(1)乙烷的构象:做出乙烷的分子模型,旋转碳碳单键,使成重叠式和交叉式,画出其透视式和纽曼投影式。

(2)环己烷的构象

环己烷的椅式构象(图 3-5-7):由船式构象扭转成椅式构象,沿任意一个 C-C 单键方向观察,看这些碳原子上的价键是否为交叉式。

环己烷的船式构象(图 3-5-8):观察船头(C_1)和船尾(C_4)上两个氢原子的距离。沿 C_2-C_3 与 C_5-C_6 键的方向观察,判断这两组碳原子上的价键是否为重叠式,画出其船式构象的透视式。

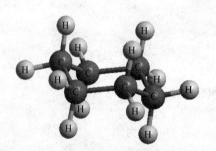

图 3-5-7　环己烷的椅式构象

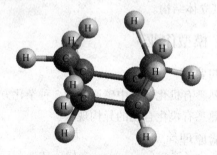

图 3-5-8　环己烷的船式构象

a 键和 e 键:在椅式构象中逐一找出 6 个 a 键(与分子的对称轴平行)和 6 个 e 键(与对称轴成一定角度),观察其分布规律,画出构象式。

观察 a、e 键在分子内受力情况:以 C_1 上的两个 C-H 键为例,1e 受到 2a、2e、6a、6e 四个 C-H 键的排斥作用;1a 除受这 4 个键作用外,还受到 3a 和 5a 两个 C-H 键的作用(称 1,3-二竖键的相互作用)。

(3)甲基环己烷的构象:将上述环己烷上的任意一个氢原子换成一个甲基,使之成为甲基环己烷的椅式构象。观察此时的甲基在 a 键上还是在 e 键上,扭转模型得另一椅式构象,再判断此时甲基在 a 键上还是在 e 键上。画出上述两个椅式构象的透视式,比较两种构象哪个稳定,并说明原因。

3. 顺反异构

（1）2-丁烯：做出 2-丁烯的两种构型的分子模型，看两者能否重合，分别写出其平面结构式，并用顺/反命名法及 Z/E 命名法命名之。

（2）1,4-二甲基环己烷：做出 1,4-二甲基环己烷的两种构型的分子模型，分别写出其平面投影式，并命名。

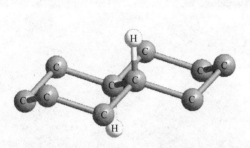
图 3-5-9　反式（ee 稠合）

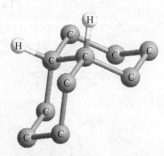
图 3-5-10　顺式（ea 稠合）

（3）十氢萘：十氢萘可看成是由两个稳定的环己烷以椅式构象稠合而成，按稠合碳上两个氢原子的空间排列不同而产生顺式十氢萘和反式十氢萘两种异构体。在十氢萘中，可以把一个环看作另一个环上的两个取代基。在反式十氢萘中，两个取代基都在 e 键上，称 ee 稠合（如图 3-5-9）；而顺式十氢萘中一个取代基在 e 键上，另一个取代基在 a 键上。称 ea 稠合（如图 3-5-10）。

做出顺式十氢萘和反式十氢萘的分子模型，仔细观察两个环己烷的稠合方式及 C_9、C_{10} 上两个氢原子位于环平面同侧还是异侧，是处在 a 键还是 e 键，比较两种异构体的稳定性，并指出稳定的异构体。

4. 旋光异构

（1）甘油醛：做出两种不同构型的甘油醛分子模型。根据模型，按费歇尔投影规则写出投影式，并用 D、L 及 R、S 命名法命名。

（2）2-羟基-3-氯丁二酸：做出 2-羟基-3-氯丁二酸的各种旋光异构体，根据费歇尔投影规则写出其投影式，用 R、S 命名法命名，指出对映体和非对映体。也可先写出 2-羟基-3-氯丁二酸的各种旋光异构体的费歇尔投影式，再根据投影式做出其模型。

（3）2,3-二羟基丁二酸（酒石酸）：做出酒石酸的所有旋光异构体，分别写出其费歇尔投影式，并用 R、S 命名法命名。思考其异构体是否都有旋光性，异构体的数目是否符合 2^n 个。

（燕小梅　张静夏　徐　红　杨小钢）

第四章
化学性质实验

一、有机化合物元素定性分析

实验目的

1. 了解元素分析的原理
2. 掌握常见元素氮、硫和卤素的鉴定方法

器材

试管	大试管
烧杯 250ml	吸管
量筒	镊子
玻璃漏斗	试管夹
玻璃棒	滤纸

药品和试剂

HCl（3mol/L）	HNO$_3$（3mol/L）
NaOH（2mol/L）	H$_2$SO$_4$（3mol/L）
5%硝酸银溶液	5%三氯化铁溶液
2%乙酸溶液	乙酸铅溶液
亚硝基铁氰化钠	硫酸亚铁晶体
硫酸亚铁饱和溶液	

实验原理

有机化合物中除含有碳、氢元素以外，一般还有氧、硫、氮、卤素等元素。有机化合物元素定性分析的目的就是鉴定某一化合物是由哪些元素组成的。

有机化合物一般都含有碳和氢元素，故通常不进行碳、氢元素的鉴定。氧元素的鉴定比较困难和复杂，一般可通过溶解性能及官能团试验确定其存在。

由于有机化合物分子中的原子一般都以共价键相结合，在水溶液中不能离解成相应的离子，必须把有机化合物分解，使之转化为简单的无机化合物，然后利用无机分析的方法进行离子的鉴定。

分解有机物分子常用的方法是钠熔法。即将有机物与金属钠共熔，使有机物中所含的硫、氮、

卤素等元素与钠发生反应,转变为氰化钠、硫化钠、硫氰化钠、卤化钠等可溶于水的无机化合物,溶于水,过滤,通过分析滤液中的上述化合物进行元素鉴定。

$$有机化合物+Na \xrightarrow{\Delta} \begin{array}{l} NaCN \\ Na_2S \\ NaCNS \\ NaX \end{array}$$

1. 氮的鉴定 在钠熔后的滤液中,试样中的氮元素转变为 CN^-,与硫酸亚铁作用生成亚铁氰化钠,最终与铁盐生成普鲁士蓝的沉淀。

$$FeSO_4+6NaCN \longrightarrow Na_4[Fe(CN)_6]+Na_2SO_4$$
$$3Na_4[Fe(CN)_6]+4FeCl_3 \longrightarrow Fe_4[Fe(CN)_6]_3 \downarrow +12NaCl$$
$$普鲁士蓝$$

2. 硫的鉴定 在滤液中加入乙酸铅溶液,若试样中含有硫,则生成黑褐色 PbS 沉淀。

$$Pb(AcO)_2+Na_2S \longrightarrow PbS \downarrow +2NaOAc$$

也可在钠熔滤液中加入新制的亚硝基铁氰化钠,如试样中含硫则呈紫红色,本法灵敏。

$$Na_2S+Na_2Fe(CN)_5NO \longrightarrow Na_4Fe(CN)_5(NOS)$$
$$硫化亚硝基铁氰化钠$$

3. 卤素的鉴定 用稀硝酸酸化滤液,滤液煮沸数分钟,去尽氰化氢和硫化氢,加硝酸银溶液,如生成 AgX 沉淀,则说明含有卤素。根据析出沉淀的颜色(氯化银为白色,溴化银为浅奶黄色,碘化银为黄色)可初步推测含何种卤素。

$$NaX+AgNO_3 \longrightarrow AgX \downarrow +NaNO_3 \qquad (X=Cl、Br 或 I)$$

实验内容

1. 钠熔 取金属钠[1]一小粒(绿豆大小),用滤纸吸干表面吸附的煤油,放入洁净干燥的小试管中,小火加热,当钠熔化且有蒸气上升约 0.5cm 时,立即加入绿豆大小的固体样品或 3 滴液体样品,继续加热至试管底部发红[2],立即将试管浸入盛有 15ml 蒸馏水的小烧杯中,试管遇水破裂(如未破裂,可轻轻敲打一下)。煮沸 1 分钟,过滤,得无色透明钠熔滤液[3]。

2. 氮的鉴定

(1) 取钠熔滤液 2ml,加入 3 滴 $2mol/L^{-1}$ 氢氧化钠溶液,再加入一小粒硫酸亚铁晶体或 3~4 滴新配的硫酸亚铁饱和溶液,将混合液煮沸 1~2 分钟,如有黑色硫化铁沉淀,须过滤除去(也可用吸管小心吸出上层清液,弃去残渣),冷却后,加 2~3 滴 5%三氯化铁溶液,再加 3mol/L 硫酸使氢氧化铁沉淀恰好溶解,观察现象。

(2) 取钠熔滤液 1ml,加入 3 滴 3mol/L 盐酸,再加 1~2 滴 5%三氯化铁溶液,观察现象。

3. 硫的鉴定

(1) 取钠熔滤液 1ml,滴加 2%乙酸溶液酸化,加 2 滴乙酸铅溶液,观察现象。

(2) 取一小粒亚硝基铁氰化钠溶于数滴水中,将此溶液滴入盛有 1ml 钠熔滤液的试管中,观察现象。

4. 卤素的鉴定 取 2ml 钠熔滤液,加 3mol/L 硝酸酸化,加 2 滴 5%硝酸银溶液,观察现象。

若样品中含有硫和(或)氮元素,则酸化后,在通风橱里小火煮沸 5 分钟,逐去 HCN 和 H_2S(均有毒,勿吸入!),放冷,加 2 滴 5%硝酸银溶液,观察现象。

注意事项

[1] 金属钠储存在煤油中,不能在空气中久置。金属钠不能接触手和水,应使用镊子和小刀操

作,实验时,切去金属钠外表的氧化物,取其有金属光泽的部分。

[2] 应控制钠的加热时间,如加热时间太长,金属钠由液态变为不能完全分解试样的白色固体,如出现此现象,可立即再投入一份钠和一份试样,重新加热。

[3] 滤液应为无色透明液,若呈深棕色或近黑色,说明样品分解不完全,将影响各项离子的检出,故须重新钠熔操作。

思考题

1. 钠熔法实验应注意什么?

2. 鉴定卤素时,若试样含有硫和氮,用硝酸酸化再煮沸,可能有什么气体逸出? 应如何正确处理?

二、烃和卤代烃的化学性质

实验目的

1. 熟悉、验证烷烃、烯烃、炔烃、芳烃及卤代烃的主要化学性质。

2. 掌握各类烃的鉴别方法。

器材

试管	大试管
烧杯 250ml	吸管
支试管	滴液漏斗
导管	紫外灯

药品和试剂

H_2SO_4(3mol/L)	浓 H_2SO_4
发烟 H_2SO_4	HNO_3(3mol/L)
浓 HNO_3	1%溴的四氯化碳溶液
0.5% $KMnO_4$ 溶液	硝酸银氨溶液
5%硝酸银醇溶液	碳化钙
饱和食盐水	液体石蜡
松节油	苯
甲苯	正氯丁烷
仲氯丁烷	叔氯丁烷
正溴丁烷	氯苯
氯化苄	三氯甲烷

实验原理

烷烃是饱和烃,烯烃和炔烃是不饱和烃。前者仅含单键,化学性质稳定,在加热或光照的条件下才可以发生取代反应;后者含双键或叁键,化学性质活泼,易于发生加成反应和氧化反应。例如:溴的四氯化碳溶液与不饱和烃容易发生加成反应,使溴褪色;高锰酸钾容易与不饱和烃发生氧化反应,使高锰酸钾还原,紫色消失。具有—C≡CH 结构的炔烃,易发生炔淦反应,生成金属炔化物。

芳香烃结构中含有苯环,具有芳香性,芳香烃与饱和烃和不饱和烃的化学性质均不相同,芳香烃易发生亲电取代反应,较难发生氧化反应,但苯环上连有烃基侧链时,则易发生侧链氧化反应。因此,苯不易被酸性 $KMnO_4$ 溶液氧化,而甲苯易被氧化成苯甲酸。

$$\text{（苯环）}-CH_3 \xrightarrow{KMnO_4/H_2SO_4} \text{（苯环）}-COOH$$

卤代烃与硝酸银的醇溶液作用，生成卤化银沉淀。

$$RX+AgNO_3 \longrightarrow RONO_2+AgX\downarrow$$

反应的速率随 RX 结构的不同而有很大的差异，一般的规律是：

（1）在卤代烷中，卤素的活泼性与其所连的碳原子种类有关。叔碳原子上的卤素最活泼，仲碳原子上的卤素次之，伯碳原子上的卤素最不活泼，即卤代烷的活性：叔卤代烃 > 仲卤代烃 > 伯卤代烃。

（2）卤代烯烃中，直接连在双键碳原子上的卤原子不活泼，与双键碳相邻的饱和碳原子上的卤素非常活泼。卤代烯烃或卤代芳烃可表示为：$CH_2=CH(CH_2)_nX$ 或 $C_6H_5(CH_2)_nX$。其活性顺序为：烯丙型卤代烃（n=1）>孤立型（n≥2）>乙烯型卤代烃（n=0）。乙烯型卤代烃不与硝酸银醇溶液作用。

（3）同一碳原子上连有两个以上卤素原子的多卤代烃（例如 $CHCl_3$，CCl_4）很不活泼，不能与硝酸银醇溶液作用。这是因为多个卤原子连在同一个碳原子上，增加了立体位阻，阻碍亲核试剂的进攻，同时由于几个方向不同的 C—X 键的极性相互抵消，使整个分子的极性减小。

（4）卤代烃中，若烃基相同而卤素不同时，则其反应活性的顺序是：RI > RBr > RCl。

实验内容

1. 烷烃的性质

（1）与溴反应：取两支小试管，各加入 10 滴液体石蜡[1]和 2 滴 1% 溴的四氯化碳溶液，振摇试管，把其中一支试管放在实验柜中暗处避光；另一支试管放在紫外灯下，光照 15 分钟，观察两支试管中的颜色变化。

（2）与高锰酸钾溶液反应：取一支小试管，加入 4 滴液体石蜡和 1 滴 0.5% $KMnO_4$ 溶液，振摇试管，观察现象。

2. 烯烃的性质

（1）与溴反应：取一支小试管，加入 4 滴松节油[2]和 2 滴 1% 溴的四氯化碳溶液，振摇试管，观察现象。

（2）与高锰酸钾溶液反应：取一支小试管，加入 4 滴松节油和 1 滴 0.5% $KMnO_4$ 溶液，振摇试管，观察现象。

3. 炔烃的性质

（1）与溴反应：取一支试管，加入 1ml 1% 溴的四氯化碳溶液，将乙炔[3]通入溶液中，观察现象。

（2）与高锰酸钾溶液反应：取一支试管，加入 1ml 0.5% $KMnO_4$ 溶液及 0.5ml 3mol/L H_2SO_4 溶液，摇匀，然后将乙炔通入溶液中，观察现象。

（3）与硝酸银的氨溶液的反应：取一支试管，加入 1ml 硝酸银的氨溶液，将乙炔通入溶液中，观察现象。

观察完毕，立即在试管内加入等体积的 3mol/L 硝酸分解炔化银，因其干燥时易爆炸。

4. 芳香烃的性质

（1）苯的硝化反应[4]：取一支干燥大试管，加入 0.5ml 浓硫酸，在冷却下逐滴加入 0.5ml 浓硝酸，充分振荡。冷却下逐滴加入 0.5ml 苯于混合酸中，充分振荡。在 50~60℃ 水浴中加热 15 分钟，反应液倾入 5ml 冷水中，搅拌，静置，嗅其气味，观察现象。

（2）苯的磺化反应：取一支干燥大试管，加入 0.5ml 浓硫酸，再滴加 1ml 发烟硫酸，充分振荡。在 75℃ 水浴中小心加热片刻，待有机层消失，反应液倾入 5ml 冷水中，观察现象。

（3）芳烃氧化反应的比较：取三支小试管，分别加入 10 滴苯[5]，10 滴甲苯，10 滴蒸馏水，然后各加入 1 滴 0.5%KMnO$_4$ 溶液和 2 滴 3mol/L H$_2$SO$_4$ 溶液，振荡，必要时在 60~70℃ 水浴中加热几分钟。观察现象。

5. 卤代烃的性质：取 1ml 5%AgNO$_3$ 醇溶液放入试管中，然后加入 2~3 滴液体样品，振摇 5 分钟，观察，若无沉淀析出，加热至沸，再观察，有沉淀生成时，加 3 滴 3mol/L HNO$_3$ 溶液，如沉淀不溶解，即证明有活泼卤原子存在[6]。观察正氯丁烷、仲氯丁烷、叔氯丁烷、正溴丁烷、氯苯、氯化苄、三氯甲烷在本实验中的现象，记录其活泼性次序。

注意事项

[1] 液体石蜡为混合液体烷烃（C$_{18}$H$_{38}$ ～ C$_{22}$H$_{46}$），具有烷烃的通性。

[2] 松节油属不饱和烃，其主要成分是 α-蒎烯，分子结构式为：，临床上用作外擦剂。

[3] 乙炔的制备：在带有支管的大试管中放置约 5g 碳化钙，管口用带有滴液漏斗的胶塞塞住，支管用橡皮管和导气管相连，滴液漏斗中盛有饱和食盐水，打开滴液漏斗的旋塞，使水缓缓滴入试管中，即有乙炔气体产生。

[4] 硝基苯为淡黄色油状液体，有毒，实验后必须将其回收。

[5] 有时加苯的试管也有变色现象，主要是因为：①苯中含有少量甲苯或噻吩等杂质；②硫酸中含有微量还原性物质；③水浴温度过高，加热时间过长。

[6] 若煮沸后只稍微出现混浊而无沉淀者，则视为阴性反应。

思考题

1. 制备乙炔的实验要注意哪些问题？

2. 试将卤代烃性质实验中所得的结果从理论上加以解释。

3. 用简单的化学方法鉴别下列两组化合物：

（1）苯、甲苯、环己烯；（2）氯化苄、氯苯、苯乙烯

三、含氧化合物的性质（一）

实验目的

1. 掌握醇、酚、醚、醛、酮的化学性质

2. 熟悉醇、酚、醚、醛、酮的鉴别方法

器材

小试管	大试管
冰盐浴	试管夹
热水浴	

药品和试剂

正丁醇	仲丁醇
叔丁醇	异丙醇
Lucas 试剂[1]	苯酚饱和水溶液
饱和溴水溶液	1%FeCl$_3$ 溶液
乙醚	浓硫酸

乙醛
　　　　　　　　　　　　丙酮

苯甲醛
　　　　　　　　　　　2,4-二硝基苯肼溶液[2]

甲醛
　　　　　　　　　　　　异丙醇

碘-碘化钾溶液[3]
　　　　　　　　5%NaOH 溶液

5%硝酸银溶液
　　　　　　　　2%氨水溶液

Fehling 试剂[4]
　　　　　　　　　钠

酚酞试剂
　　　　　　　　　　饱和 NaHCO₃ 溶液

实验原理

醇、酚、醚是烃的含氧衍生物,由于氧原子所连的烃基或原子不同,使醇、酚、醚具有不同的性质。

醇可发生取代反应、消除反应和氧化反应等;醇羟基具有活泼氢,能与金属钠作用放出氢气,也能跟酰氯、酸酐等作用生成酯。伯、仲、叔醇与氢卤酸的反应速率明显不同,因此可用 Lucas 试剂鉴别低级的伯、仲、叔醇[5]。

$$ROH+HCl \xrightarrow[25\sim30℃]{ZnCl_2} RCl+H_2O$$

酚羟基直接与苯环相连,因此酚的许多化学性质不同于醇。羟基的影响使苯环活性增强,易于发生亲电取代反应。如苯酚能使溴水褪色生成 2,4,6-三溴苯酚白色沉淀,此实验可用来检验苯酚。

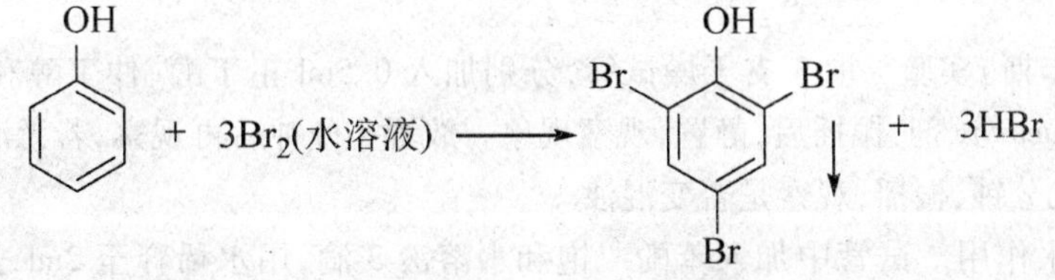

由于苯环的影响使酚羟基显弱酸性,与 NaOH 作用生成可溶于水的盐。

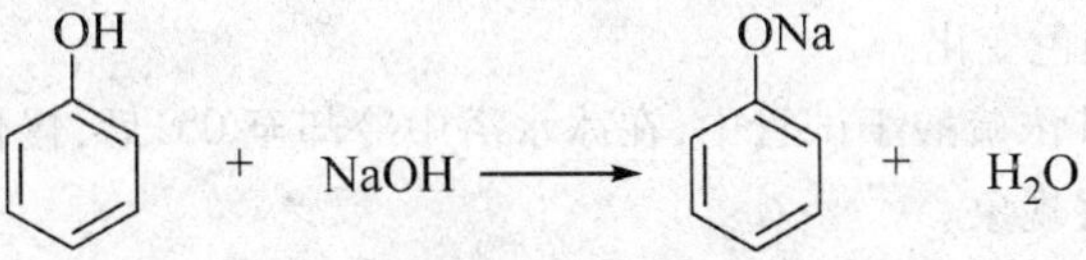

大多数酚与三氯化铁有特征性的颜色反应。

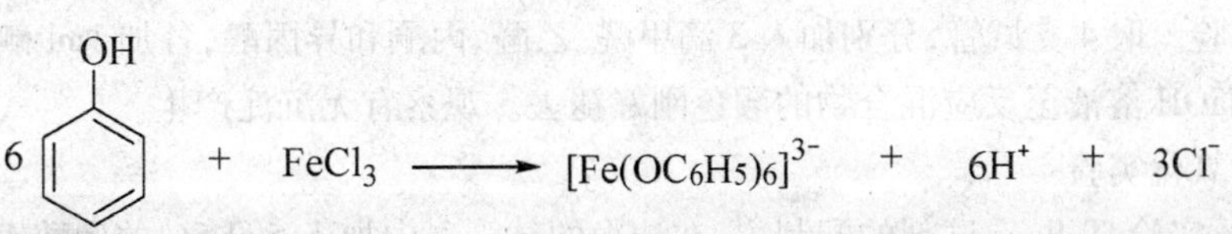

醚比较稳定,仅在一定条件下才能发生醚键的断裂。醚和浓硫酸反应可产生锌盐。

$$\overset{..}{R}O\overset{..}{R}+H^+HSO_4^- \rightleftharpoons \underset{+}{R\overset{H}{O}R}+HSO_4^-$$

醛和酮含有羰基,能发生亲核加成反应。羰基化合物与 2,4-二硝基苯肼加成生成黄色或红色的 2,4-二硝基苯腙沉淀是醛酮的特征反应。

受到羰基的影响,醛酮的 α-H 表现出一定的活性。而结构上的差异又使它们在反应中表现出不同的特点。能发生活泼氢反应的羰基化合物,一般为醛和甲基酮,其中能发生碘仿反应的只有乙醛、甲基酮和某些可被氧化成乙醛和甲基酮的醇。

酮一般不易被氧化,只有在强氧化剂的作用下才被氧化分解。而醛却比较容易被氧化,甚至能被弱氧化剂氧化成酸。用不同种类的弱氧化剂(如 Tollens 试剂和 Fehling 试剂)可以区分脂肪醛、芳香醛和酮。

$$R-CHO+Ag(NH_3)_2OH \longrightarrow R-COO^-NH_4^+ +Ag\downarrow +NH_3+H_2O$$

银镜

$$R-CHO+2Cu(OH)_2 \longrightarrow Cu_2O\downarrow +2H_2O+R-COOH$$

氧化亚铜

(砖红色)

实验内容

1. Lucus(卢卡斯)实验　取 3 支干燥试管,分别加入 0.5ml 正丁醇、仲丁醇和叔丁醇,每个试管中各加入 2ml Lucas 试剂,振摇后,静置,观察现象。放置 5 分钟后再观察,若无混浊出现,在 50~60℃ 水浴中温热几分钟,振摇,观察是否变混浊。

2. 苯酚与溴水作用　试管中加入苯酚[6]饱和水溶液 3 滴,用水稀释至 2ml,逐渐滴入饱和溴水,溴水不断褪色,观察有无白色沉淀生成。继续滴加,让溴水过量,观察现象[7]。

3. 酚与 FeCl_3 的反应　试管中加入 0.5ml 苯酚的饱和水溶液,加入 1ml 水,滴入 2~3 滴 1% FeCl_3 溶液,振摇,观察颜色变化。

4. 醚的锌盐　取 1ml 浓硫酸于试管中,在冰水浴中冷却至 0℃ 后,慢慢滴加 1ml 乙醚,反应液分为两层,振摇试管,观察现象。

5. 与 2,4-二硝基苯肼的反应　取 3 支试管,各加入 1ml 2,4-二硝基苯肼试剂,然后再分别加 2 滴乙醛、丙酮和苯甲醛。振荡后静置片刻,观察现象。

6. 碘仿实验　取 4 支试管,分别加入 3 滴甲醛、乙醛、丙酮和异丙醇,各加 1ml 碘-碘化钾溶液,然后滴加 5%NaOH 溶液至反应混合物的颜色刚好褪去。观察有无沉淀产生。

7. 醛酮的氧化实验

(1)Tollens 实验:Tollens 试剂的配制[8]:在洁净的试管[9]中加入 5ml 5% 的硝酸银溶液[10],滴入 3 滴 5%NaOH 溶液,用力摇动,有褐色沉淀生成。再滴加 2% 氨水溶液,边滴加边摇动试管,直到黑色沉淀溶解,溶液清亮为止。这时溶液呈无色清亮状,即得 Tollens 试剂(硝酸银氨溶液)。

将配好的 Tollens 试剂平均分装到 4 支小试管中,分别加入 5 滴甲醛、乙醛、丙酮和苯甲醛,边加边摇动试管,注意观察试管里溶液发生什么变化。几分钟后,如果没有变化,将试管放在 50~60℃ 水浴中温热几分钟,再观察有无银镜生成。

(2)Fehling 实验:在大试管中将 Fehling 试剂 A 和 Fehling 试剂 B 各 4ml 混合均匀,再平均分配到 4 支小试管中,然后分别加入 5 滴甲醛、乙醛、丙酮和苯甲醛。振荡后将试管放入沸水浴中加热 3~5 分钟,观察颜色变化以及是否有红色沉淀生成,并解释之。

8. 酸性实验

(1)醇钠的生成及水解:在干燥试管中加入 1ml 正丁醇,加入一粒绿豆大的金属钠,观察现象,等到气体释放平稳后,使试管口靠近灯焰[11],观察现象。待金属钠完全消失后[12],溶液中加入 2ml 水,摇动试管,加入 2 滴酚酞,观察现象,并解释。

(2)苯酚的酸性:取固体苯酚少许(黄豆粒大小)分装于 2 只试管中,加 0.5ml 水振摇,观察苯酚是否溶于水。将试管中分别滴入 5% NaOH 溶液和饱和 NaHCO₃ 溶液,振荡,观察两只试管中现象的不同之处,并说明原因。

注意事项

[1] Lucas 试剂的配制:将无水氯化锌熔融,稍冷后,在干燥器中冷至室温。取出捣碎,取 150g 溶于 100ml 浓盐酸中。溶解时有大量氯化氢气体放出,需在通风橱内进行。放冷后贮存于玻璃瓶中,密闭,防止潮气侵入。

[2] 2,4-二硝基苯肼试剂:3g 2,4-二硝基苯肼溶于 15ml 浓硫酸中,将此酸性溶液缓慢加到 70ml 95% 乙醇中,加蒸馏水稀释到 100ml。过滤,滤液保存于棕色瓶中。

[3] 碘-碘化钾溶液试剂:2g 碘和 5g 碘化钾溶于 100ml 水中。

[4] Fehling 试剂的配制:3.5g $CuSO_4 \cdot 5H_2O$ 溶于 100ml 水中,得淡蓝色的 Fehling 试剂 A;17g 的五水酒石酸钾钠溶于 20ml 热水中,然后加入含有 5g NaOH 的水溶液 20ml,稀释至 100ml,得无色清亮的 Fehling 试剂 B。使用时将 Fehling 试剂 A 和 Fehling 试剂 B 等体积混合。

[5] 此法只适用于鉴别低级的(含 C_3-C_6)伯、仲、叔醇,不适于鉴别 C_6 以上的醇。因含 C_3-C_6 的各种醇类均溶于 Lucas 试剂,反应后能生成不溶于试剂的氯代烷,使反应液呈混浊状,放置后有分层现象,反应前后有显著变化便于观察。C_6 以上的醇类不溶于 Lucas 试剂,与试剂混合振摇后即变混浊,无法观察反应是否发生。甲醇和乙醇也不能用此法,因所得氯代烃易挥发,现象不明显。

[6] 苯酚对皮肤有很强的腐蚀性,勿接触皮肤。如不慎触及皮肤先用自来水冲洗,再用酒精棉球擦洗。

[7] 滴加过量溴水,白色的三溴苯酚转化为淡黄色的难溶于水的四溴化物:

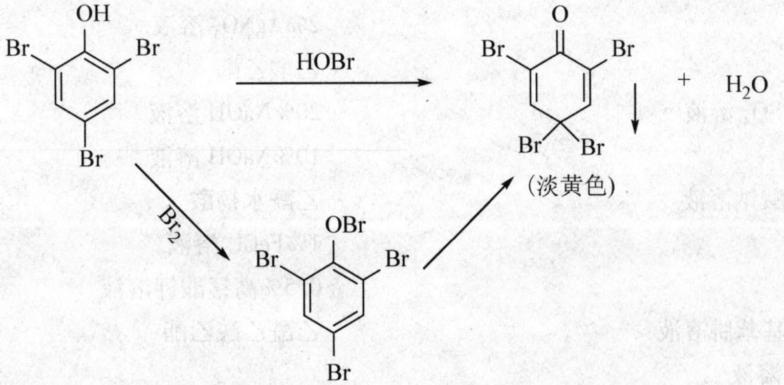

[8] Tollens 试剂久置后将形成雷银(AgN₂)沉淀,容易爆炸,故必须临时配制。实验时,切忌用灯焰直接加热,以免发生危险。实验完毕,立即加少许硝酸,煮沸消去银镜。

[9] 银镜反应所用的试管必须十分洁净。可用铬酸洗液洗涤,再用蒸馏水冲洗干净。

[10] 硝酸银溶液与皮肤接触,立即形成难以洗去的黑色金属银,故滴加和摇荡时应小心操作。

[11] 待氢气释放平稳后,方可将试管靠近灯焰。这时可听到氢气与空气的混合气的爆鸣声,即可证实有氢气产生。

[12] 金属钠遇水反应剧烈,有可能着火爆炸,所以必须待金属钠与醇完全反应后才可以加水。

思考题

1. 在 Lucas 实验中,为什么要用饱和氯化锌的浓盐酸溶液,用稀盐酸行不行? 为什么?

2. 现有甲醛、乙醛、丙酮、异丙醇、苯甲醛五种物质,请通过简易实验方法确定之。

四、含氧化合物的性质(二)

实验目的

1. 掌握羧酸、羧酸衍生物及取代羧酸的化学性质

2. 熟悉羧酸、羧酸衍生物及取代羧酸的鉴别方法

3. 了解乙酰乙酸乙酯的烯醇式互变异构现象

器材

小试管	大试管
冰盐浴	试管夹
热水浴	酒精灯
刚果红试纸	沸石
玻璃棒	石蕊(或 pH)试纸

药品和试剂

甲酸	乙酸
草酸	苯甲酸
5%NaOH 溶液	饱和 NaHCO$_3$ 溶液
10%HCl 溶液	饱和的澄清石灰水
无水乙醇	冰醋酸
浓硫酸	饱和食盐水
乙酰氯	2%AgNO$_3$ 溶液
乙酸酐	乙酸乙酯
3mol/LH$_2$SO$_4$ 溶液	20%NaOH 溶液
乙酰胺	10%NaOH 溶液
20%的碳酸钠溶液	乙酰水杨酸
水杨酸	1%FeCl$_3$ 溶液
乳酸	0.5%高锰酸钾溶液
2,4-二硝基苯肼溶液	乙酰乙酸乙酯
饱和溴水溶液	

实验原理

羧酸具有酸的通性,可与 NaOH 和 NaHCO$_3$ 等发生成盐反应。羧酸的酸性比盐酸和硫酸弱,但比碳酸强,因此可与碳酸钠或碳酸氢钠成盐而溶解。影响酸性的因素很多,但主要是与羧基相连

基团的电子效应。吸电子效应较强者,酸性较强。饱和一元羧酸中甲酸的酸性最强,二元羧酸中草酸的酸性最强。

羧酸和醇在浓硫酸的催化下发生酯化反应,生成有香味的酯。在适当的条件下羧酸可发生脱羧反应。甲酸分子中含有醛基,具有还原性,可被高锰酸钾或托伦试剂氧化。由于两个相邻羧基的相互影响,草酸易发生脱羧反应和被高锰酸钾氧化。

乙酰乙酸乙酯具有酮式和烯醇式互变异构现象,其烯醇式结构在不同的溶液中的含量不同。因酮式结构的存在,如能与2,4-二硝基苯肼反应生成橙色的2,4-二硝基苯腙沉淀;在乙醇中,约含烯醇式12%。又因烯醇式存在,可与三氯化铁反应生成紫红色络合物。加溴水后,溴与烯醇式结构中的碳碳双键加成,最终使烯醇式转变为酮式的溴代衍生物。

$$CH_3-\overset{O}{\overset{\|}{C}}-CH_2-\overset{O}{\overset{\|}{C}}-OC_2H_5 \rightleftharpoons CH_3-\overset{OH}{\overset{\|}{C}}=CH-\overset{O}{\overset{\|}{C}}-OC_2H_5$$

酮式　　　　　　　　　　　　　　烯醇式

$$CH_3-\overset{}{\underset{OH}{C}}=CH-\overset{O}{\overset{\|}{C}}-OC_2H_5 + FeCl_3 \longrightarrow CH_3-C=CH-C-OC_2H_5 + HBr$$

$$CH_3-\underset{OH}{C}=CH-\overset{O}{\overset{\|}{C}}-OC_2H_5 \xrightarrow{Br_2} \left[CH_3-\overset{OH}{\underset{Br}{C}}-\overset{Br}{\underset{H}{C}}-\overset{O}{\overset{\|}{C}}-OC_2H_5 \right] \xrightarrow{-HBr} CH_3-\overset{O}{\overset{\|}{C}}-\overset{Br}{\underset{H}{C}}-\overset{O}{\overset{\|}{C}}-OC_2H_5$$

实验内容

(一)羧酸的性质

1. 酸性　将甲酸、乙酸各5滴及草酸0.2g分别溶于1ml水中。然后用洗净的玻璃棒分别蘸取相应的酸液在同一条刚果红试纸上画线,比较各线条的颜色和深浅程度,判断甲酸、乙酸和草酸酸性强弱。

2. 成盐　取固体苯甲酸少许(黄豆粒大小)分装于2只试管中,加0.5ml水振摇,观察苯甲酸是否溶于水。将试管中分别滴入5%NaOH溶液和饱和NaHCO$_3$溶液,边加边振荡,观察苯甲酸是否溶解,有无气泡产生。接着再加数滴10%的盐酸,振荡并观察所发生的变化,试解释之。

3. 草酸的脱羧　取0.5g草酸固体加入具支试管中,酒精灯加热试管底部,同时将导管插入澄清的石灰中,观察澄清石灰水变化。

4. 成酯反应　在两干燥的试管中分别加入1ml无水乙醇和1ml冰醋酸,其中一支试管加入0.2ml浓硫酸,振荡均匀后浸在60~70℃的热水浴中约10分钟。然后向试管中加入饱和的食盐水2ml,观察哪支试管中有酯层析出并浮于液面上,注意所生成的酯的气味。

(二)羧酸衍生物的性质

1. 水解反应

(1)乙酰氯的水解:在试管中加入1ml蒸馏水,沿管壁慢慢滴加3滴乙酰氯,略微振摇试管,乙酰氯与水剧烈作用,并放出热(用手摸试管底部)。待试管冷却后,再滴加1~2滴2%AgNO$_3$溶液,观察溶液有何变化。

(2)乙酸酐的水解:在试管中加入1ml水,并滴加3滴乙酸酐,由于它不溶于水,呈珠粒状沉于管底。再略微加热试管,这时乙酸酐的珠粒消失,并嗅到何种气味。说明乙酸酐受热发生水解,生成了何种物质。

（3）酯的水解:在三支试管中,分别加入 1ml 乙酸乙酯和 1ml 水。然后在第 1 支试管中,再加入 0.5ml 3mol/L H_2SO_4,在第 2 支试管中再加入 0.5ml 20%NaOH,将三支试管同时放入 70~80℃ 的水浴中,一边振摇,一边观察并比较酯层消失的快慢。

（4）酰胺的水解

碱性水解:在试管中加入 0.2g 乙酰胺和 2ml 20%NaOH 溶液,小火加热至沸,嗅氨的气味并可在试管口用润湿的石蕊(或 pH)试纸检验。

酸性水解:在试管中加入 0.2g 乙酰胺和 2ml 3mol/LH_2SO_4 小火加热至沸,闻一闻有无乙酸的气味。冷却后加入 10%NaOH 溶液至碱性,再加热并嗅其气味(或用试纸检验)。

2. 醇解反应　在一干燥的小试管中放入 1ml 无水乙醇,慢慢滴加 1ml 乙酰氯,同时用冷水冷却试管并不断振荡。反应结束后先加入 1ml 水,然后小心地用 20%的碳酸钠溶液中和反应液使之呈中性,即有一酯层浮于液面上。如果没有酯层浮起,可在溶液中加入粉状的氯化钠至使溶液饱和为止,观察现象并闻其气味。

（三）取代羧酸

1. 酸性　在 2 支试管中分别加入 0.1g 乙酰水杨酸、水杨酸和 1ml 水,振荡,后用洗净的玻璃棒分别蘸取相应的酸液在与石蕊试纸上,比较试纸颜色和深浅程度,边摇边逐滴滴加 1%$FeCl_3$ 溶液,观察溶液颜色变化,然后水浴加热,观察溶液颜色变化。记录反应现象并解释之。

2. 醇酸的氧化　取一支具支试管,加入 1ml 乳酸,再加入 1ml 3mol/L 硫酸和 1ml0.5%高锰酸钾溶液以及一粒沸石,试管夹夹住具支试管,酒精灯加热试管底部,同时将导管插入澄清的石灰中,观察澄清石灰水变化。记录反应现象并解释之。

3. 乙酰乙酸乙酯的反应

（1）与 2,4-二硝基苯肼的反应:在试管中加入 1ml 2,4-二硝基苯肼溶液,2~3 滴乙酰乙酸乙酯,观察现象。

（2）酮式与烯醇式的互变异构:取 1 支试管,加入 5 滴乙酰乙酸乙酯和 1ml 乙醇。混合均匀后滴加 1 滴 1%三氯化铁溶液,反应液呈何种颜色? 在此溶液中滴加饱和溴水 2~3 滴,紫色消失。稍待片刻,颜色又重复出现。此现象可重复数次。试解释原因。

五、含氮化合物的性质

实验目的

1. 复习并掌握胺类化合物的化学性质

2. 熟悉胺类化合物的鉴别方法

器材

试管	滴管
塞子	量筒
酒精灯	冰水浴装置
石蕊(或 pH)试纸	

药品和试剂

甲胺	二甲胺
苯胺	苄胺

N-甲基苯胺   N,N-二甲基苯胺

2.5mol/L 氢氧化钠   苯磺酰氯

苯酚   浓盐酸

$2mol/L^{-1}$ 亚硝酸钠溶液   2.5mol/L 盐酸

脲   0.05mol/L 硫酸铜

蒸馏水

实验原理

胺类化合物氮原子上有一对孤对电子,易与质子结合,因而具有碱性。胺类化合物碱性的强弱是电子效应、溶剂化效应和空间效应等综合作用的结果。各类胺的碱性由强到弱大致顺序如下:脂肪仲胺>脂肪伯胺(脂肪叔胺)>氨>芳香伯胺>芳香仲胺>芳香叔胺。胺类化合物是弱碱,与酸作用形成的盐是晶形固体,易溶于水和乙醇,遇强碱胺类化合物又重新游离析出,游离碱的水溶性降低,而脂溶性增加。实验室中,常利用胺的盐易溶于水而遇强碱又重新游离析出的性质来分离提纯胺类物质。

胺类化合物能与水分子形成氢键,因此低级胺(6 个碳原子以下)能溶于水,但随着其相对分子质量的增加,溶解度迅速降低。

不同胺类化合物的鉴别常用 Hinsberg(兴斯堡)试验法。Hinsberg 反应是胺的磺酰化反应,由伯胺形成的磺酰胺氮上的氢受磺酰基影响呈弱酸性,可与碱成盐而溶于水;仲胺形成的磺酰胺氮上无氢,不与碱成盐而成固体析出;叔胺一般不发生反应。伯胺和仲胺还能与酰卤、酸酐等酰化试剂发生酰化反应,生成酰胺,而叔胺由于氮上没有可被取代的氢原子不能发生酰化反应。

$$R{-}NH_2 + \text{C}_6\text{H}_5{-}SO_2Cl \xrightarrow{NaOH} \text{C}_6\text{H}_5{-}SO_2NHR \xrightarrow{NaOH} \text{C}_6\text{H}_5{-}SO_2N\bar{R}\,Na^+$$

$$\underset{R}{\overset{R}{>}}NH + \text{C}_6\text{H}_5{-}SO_2Cl \xrightarrow{NaOH} \text{C}_6\text{H}_5{-}SO_2NR \downarrow$$

不同胺类化合物与亚硝酸反应所生成产物的性质和现象不同,这些反应常用于鉴别胺类物质。脂肪伯胺与亚硝酸反应生成脂肪重氮盐极不稳定,即使在低温下也立即分解释放出氮气,芳香伯胺与亚硝酸在低温(0~5℃)及过量强酸水溶液中反应生成芳香重氮盐,芳香重氮盐能与活泼的芳香化合物发生偶联反应,例如重氮苯与苯酚反应生成橙红色偶氮化合物,利用这一反应现象可以鉴别芳香伯胺;脂肪仲胺和芳香仲胺与亚硝酸反应,都是在氮上进行亚硝化反应,生成稳定的 N-亚硝基化合物,而 N-亚硝基胺为中性的黄色油状物或固体,一般不溶于水,这一反应现象可以鉴别仲胺;叔胺氮上没有氢原子,不发生亚硝化反应,芳香叔胺可以发生芳环上亲电取代,与亚硝酸作用生成有颜色的对亚硝基苯胺,如对位被占据,则亚硝基取代在邻位,借此可以鉴别芳香叔胺。

$$\text{C}_6\text{H}_5{-}NH_2 \xrightarrow[0\sim5℃]{NaNO_2,\ HCl} \text{C}_6\text{H}_5{-}\overset{+}{N_2}Cl^-$$

$$\text{C}_6\text{H}_5{-}\overset{+}{N_2}Cl^- + \text{C}_6\text{H}_5{-}OH \xrightarrow[0℃]{NaOH,\ H_2O} \text{C}_6\text{H}_5{-}N{=}N{-}\text{C}_6\text{H}_4{-}OH$$

$$\underset{R}{\overset{R}{\diagdown}}NH \xrightarrow{\text{NaNO}_2,\ \text{HCl}} \underset{R}{\overset{R}{\diagdown}}N-N=O$$

$$\text{(苯环)}\overset{R}{\underset{R}{\diagdown}}N \xrightarrow{\text{NaNO}_2,\ \text{HCl}} ON-\text{(苯环)}-N\overset{R}{\underset{R}{\diagdown}}$$

脲(urea)俗称尿素,是碳酸的二元酰胺,具有弱碱性,是哺乳动物体内蛋白质代谢的最终产物之一。脲为无色长菱形结晶,熔点133℃。将脲缓慢加热至140~150℃(温度过高时会发生分解),两分子脲缩合生成缩二脲,并放出一分子氨。在缩二脲的碱性溶液中加入少许硫酸铜溶液,溶液显紫红色或紫色,这个反应即为缩二脲反应(biuret reaction)。凡是分子中含有两个或两个以上酰胺键结构的化合物(如:草二酰胺、多肽、蛋白质)均能发生缩二脲反应。

实验内容

1. 胺的碱性   取4支试管,分别加入甲胺、二甲胺、苯胺和苄胺各10滴,再分别加入3ml蒸馏水,振荡后观察溶解情况。若不溶,稍加热后再观察现象。若仍不溶,逐滴加入2.5mol/L盐酸,溶解后再逐滴加入2.5mol/L氢氧化钠溶液,观察现象。

2. Hinsberg反应   取3支试管,配好塞子,分别加入10滴苯胺、N-甲基苯胺、N,N-二甲基苯胺,再分别加入2.5mol/L氢氧化钠溶液2.5ml和0.5ml苯磺酰氯,塞好塞子,用力振摇。用手触摸试管底部,记录现象。取下塞子,在水浴中温热至苯磺酰氯气味消失[1]。冷却后用pH试纸检测3支试管内溶液的pH,若不呈碱性,滴加2.5mol/L氢氧化钠溶液至碱性。观察苯胺、N-甲基苯胺、N,N-二甲基苯胺各有什么现象。

3. 胺与亚硝酸反应

(1)脂肪胺与亚硝酸反应:取2支试管,分别加入甲胺、二甲胺各1ml,然后再各加入浓盐酸将pH值调至5,置冰盐浴中冷却后,再分别加入2mol/L亚硝酸钠溶液[2]2ml,振摇后观察现象。

(2)芳香胺与亚硝酸反应:取3支试管,分别加入苯胺、N-甲基苯胺、N,N-二甲基苯胺各5滴,然后再分别加入蒸馏水、浓盐酸各5滴,置冰盐浴中冷却后,边振摇,边加入2mol/L亚硝酸钠溶液5滴。放置数分钟后,在生成黄色物质的试管中加入2.5mol/L氢氧化钠溶液5滴至碱性。观察现象。

(3)重氮化和偶联反:取1支试管,加入4滴苯胺、1ml蒸馏水、5滴浓盐酸,置冰盐浴中冷却至0℃,边振摇,边滴加冷却的2mol/L亚硝酸钠溶液6滴,缓慢加3~4滴2.5mol/L液体苯酚[3]。观察现象。

4. 缩二脲反应   取1支干燥试管,加入约0.5g脲。酒精灯上缓慢加热熔化,观察是否有气体放出,在试管口贴一小条pH试纸,检验释放气体的酸碱性。继续加热至试管内物质凝固,待冷却后加入1~2ml蒸馏水,用玻璃棒搅拌,使其充分溶解。将上层溶液倒入另一试管中,分别加入3~4滴2.5mol/L氢氧化钠溶液和1~2滴0.05mol/L硫酸铜溶液,观察现象。

注意事项

[1] 苯磺酰氯水解不完全时,可与叔胺混在一起,而沉于试管底部。酸化时,虽叔胺已溶解,而苯磺酰氯仍以油状物存在,往往会得出错误的结论。因此,在酸化前,应在在水浴上加热,使苯磺酰氯水解完全,此时叔胺全部浮在溶液上面,下部无油状物。

[2] 由于亚硝酸不稳定,实验过程中一般用亚硝酸钠与盐酸或硫酸反应制得后在反应体系中直接使用,并不分离出来。

[3] 重氮化反应的关键是重氮盐的生成。制备重氮盐时,应保持温度 0~5℃,重氮化反应液必须保留在冰浴中进行。如果重氮盐的水溶液温度升高,它会很快水解成酚。偶联反应时,应注意控制反应液温度在 0~5℃。另外,重氮盐在干燥时很不稳定,容易引起爆炸,反应制得后在反应体系中直接使用,并不将其分离出来。

思考题

1. 区别丙胺、甲乙胺和三甲胺除了可以用 Hinsberg 试验外,还有其他什么简单的化学方法可以鉴别?

2. 如果在三甲胺试剂中混有少量的甲胺和二甲胺,有什么办法可以除去?

3. 如果在草二酰胺的碱性溶液中滴入几滴硫酸铜溶液,会有什么现象发生? 为什么?

六、脂类、糖类及蛋白质的性质

实验目的

1. 掌握脂类、糖类和蛋白质的主要性质
2. 熟悉糖类的鉴别方法
3. 了解蛋白质等电点的测定方法

器材

试管	大试管
烧杯 50ml,400ml	刻度吸管 10ml
移液管 5ml	盖玻片
量筒 10ml	载玻片
带有 60cm 玻璃管的软木塞	点滴板
玻棒	沸石
显微镜	

药品和试剂

棉子油	浓盐酸
乙醇	浓硫酸
四氯化碳	乙酐
硫酸铵	酪蛋白
10%盐酸溶液	3%溴的四氯化碳溶液
0.01%胆固醇的氯仿溶液	饱和食盐水
2%蔗糖溶液	氯化钙溶液
10%α-萘酚酒精溶液	40%氢氧化钠溶液
2%葡萄糖溶液	2%淀粉溶液
Seliwanoff 试剂[1]	2%果糖溶液
2%麦芽糖溶液	2%乳糖溶液
Benedict 试剂	硝酸银氨水溶液
10%硫酸溶液	苯肼溶液[2]
碘试液	10%氢氧化钠溶液
5%硝酸银溶液	0.5%醋酸铅溶液
10%三氯乙酸溶液	1%硫酸铜溶液

酪蛋白溶液[3]   0.16mol/L 醋酸溶液
卵清蛋白溶液[4]   石蕊试纸(红色)

实验原理

油脂的主要化学成分为三酰甘油,是甘油与高级脂肪酸所生成的酯。油脂在碱性溶液中水解生成甘油和高级脂肪酸盐(肥皂),称为皂化反应。

$$
\begin{array}{l}
CH_2-O-\overset{\overset{\displaystyle O}{\|}}{C}-R_1 \\[2mm]
CH-O-\overset{\overset{\displaystyle O}{\|}}{C}-R_2 + 3NaOH \xrightarrow{\Delta} \\[2mm]
CH_2-O-\overset{\overset{\displaystyle O}{\|}}{C}-R_3
\end{array}
\qquad
\begin{array}{l}
CH_2-OH \quad R_1COONa \\[2mm]
CH-OH \; + \; R_2COONa \\[2mm]
CH_2-OH \quad R_3COONa
\end{array}
$$

油脂皂化所得的甘油溶解于水,而肥皂在水中则形成胶体溶液,当加入饱和食盐水以后,肥皂就被盐析而出,由此可将甘油与肥皂分开。

油脂的皂化液若用无机酸酸化或与钙、镁等金属盐类作用,则析出固体。前者所生成的固体为难溶于水的高级脂肪酸;后者所生成的固体为不溶于水的钙肥皂或镁肥皂。肥皂不适宜用于硬水中,就是这个缘故。

$$R—COONa+HCl \longrightarrow R—COOH +NaCl$$
$$2R—COONa+CaCl_2 \longrightarrow (RCOO)_2Ca +2NaCl$$

油脂的不饱和性可用溴的四氯化碳溶液来检出,溴与组成油脂的不饱和脂肪酸的双键发生加成反应而使溴的红棕色褪去。

类脂包括磷脂、糖脂和甾醇。甾醇以胆固醇为最重要,它能与某些试剂产生颜色反应。例如,胆固醇在氯仿溶液中和乙酐及浓硫酸作用,则溶液先呈浅红色,再呈蓝、紫色,最后变为绿色。

糖类可用 Molisch 法鉴定。在脱水剂浓硫酸存在下,糖能转变成糠醛衍生物,后者与 α-萘酚作用呈显紫色,此颜色反应是糖类所普遍具有的灵敏反应。

醛糖和酮糖可用 Seliwanoff 反应加以区别。酮糖与间苯二酚及浓盐酸共热时,很快呈显桃红色,醛糖在同样条件下显色极慢。

在溶液中,葡萄糖、乳糖和麦芽糖等还原糖能将 Benedict 试剂(或 Tollens 试剂)还原成为红色 Cu_2O 沉淀(或金属银)。还原糖能与苯肼作用生成糖脎。各种糖脎的晶体形状不同,可用于鉴别糖类。

蔗糖为非还原糖,也不能与苯肼生成糖脎。蔗糖经水解后生成果糖和葡萄糖,故水解溶液具有还原性。

淀粉为多糖,无还原性。淀粉经水解则可以生成糊精、麦芽糖最后变成葡萄糖,此时就具有还原性,能与 Benedict 试剂发生反应。淀粉与碘呈蓝色,此反应很灵敏,常可用于检验碘或淀粉。当淀粉水解时,分子由大变小,遇碘颜色也就由蓝色向紫、红、黄色变化。当淀粉水解到无色糊精、麦芽糖或葡萄糖时,遇碘不显色。

蛋白质分子中含有许多能与水分子作用的极性基团,使蛋白质颗粒表面形成一层水化膜,因而蛋白质颗粒不易相互聚集而沉淀析出。若在蛋白质溶液中加入无机盐类,如 $(NH_4)_2SO_4$、Na_2SO_4 等,至适当浓度时,蛋白质即从溶液中沉淀析出,这种现象叫盐析。因为盐是电解质,在溶液里电解的离子水化能力比较强,从而破坏了蛋白质的水化膜,降低了蛋白质在溶液中的稳定性,蛋白质就被沉淀析出。析出的蛋白质化学性质未变,降低盐的浓度,蛋白质的沉淀仍能溶解。盐析不同的蛋白质所需盐的浓度不同,例如在半饱和的$(NH_4)_2SO_4$溶液中,球蛋白能沉淀析出,而白蛋白则不能。但在饱和的$(NH_4)_2SO_4$溶液中,球蛋白与白蛋白均能沉淀析出。

当向蛋白质溶液中加入酒精至一定浓度时,可使蛋白质发生凝聚而沉淀出来。这是由于酒精系一亲水物质,可与蛋白质争夺水分子,破坏蛋白质的水化膜而降低其稳定性。如果用水稀释生成的蛋白质絮状沉淀,仍旧可以溶解成溶液,这与溶胶的聚沉是不同的。

重金属盐类和三氯乙酸等均能使蛋白质变性沉淀。重金属盐与蛋白质分子中的羧基作用,形成不溶性的蛋白质盐。例如蛋白质与银盐作用生成不溶性蛋白质银盐沉淀。重金属盐也能与蛋白质分子中的巯基等基团作用生成络合物。在酸性条件下三氯乙酸与蛋白质分子中的氨基作用,也能形成不溶性的蛋白质盐沉淀。

$$\underset{\text{蛋白质银盐}}{\overset{NH_2}{\underset{COO^-Ag^+}{Pr}}} \qquad \underset{\text{蛋白质三氯乙酸盐}}{\overset{NH_3^+\ ^-OOC-CCl_3}{\underset{COO^-Ag^+}{Pr}}}$$

临床上解除重金属盐中毒时,常内服大量蛋白质;生化检验中利用三氯乙酸等来制备无蛋白血滤液,都是根据这个原理。

凡分子中含有两个以上肽键 $-\overset{O}{\overset{\|}{C}}-NH-$ 结构的化合物,均能在浓碱液中与硫酸铜作用,产生紫红色。这一呈色反应称为缩二脲反应。蛋白质具有多肽链基本结构,因此也能产生缩二脲反应。临床上利用这个反应来测定血清中蛋白质的含量。

蛋白质分子中含有游离的氨基和羧基,因此在水溶液中能进行酸碱两性电离,其电离程度受溶液pH值的影响。

$$\underset{NH_3}{\overset{COO^-}{Pr}} \underset{OH^-}{\overset{H^+}{\rightleftharpoons}} \underset{NH_4^+}{\overset{COO^-}{Pr}} \underset{OH^-}{\overset{H^+}{\rightleftharpoons}} \underset{NH_4^+}{\overset{COOH}{Pr}}$$

在某一pH值时,蛋白质分子的两种电离程度相等,氨基上所带正电荷数量恰好等于羧基上所带负电荷的数量,此时溶液的pH值称为蛋白质的等电点。在等电点时,蛋白质分子表面的净电荷为零,蛋白质溶液最不稳定,易发生凝聚而从溶液中沉淀析出。例如,将酪蛋白溶解于各种不同pH值的缓冲溶液中,可以观察到:在远离等电点时酪蛋白溶液是稳定的;在接近等电点时,酪蛋白溶液便逐渐变得不稳定而形成混浊或絮状沉淀;在等电点时,沉淀达最大程度。

实验内容

(一)脂类

1. 油脂的皂化

取棉子油5滴,置于一大试管中,加入乙醇和40%氢氧化钠溶液各2ml,然后在试管口插上一个带有60cm玻璃管的软木塞,并将试管放在水浴中加热45分钟。待试管稍冷,取出1ml已皂化完全[5]的溶液供下面实验用,其余皂化液倒入盛有4ml饱和食盐水的小烧杯中,边倒边搅拌,此时有肥皂析出。如肥皂尚未析出,可将溶液冷却,即凝结成肥皂。

2. 油脂中脂肪酸的检查

上面制得的皂化液分出约0.5ml,置于一试管中,加水1ml稀释,再徐徐滴加10%盐酸,直至淡黄色或白色脂肪酸析出为止。余下的一半皂化液,用1ml水稀释,滴加氯化钙溶液,观察结果。

3. 油脂不饱和性的检查

在一干燥试管中,加入2滴棉子油,并滴加四氯化碳至棉子油溶解,然后滴加3%溴的四氯化碳溶液3~4滴,并加以振摇,观察结果。

4. 胆固醇的检定反应

取0.01%胆固醇的氯仿溶液20滴,置于一干燥试管中,加入乙酐15滴,摇匀后加浓硫酸2滴,再摇匀,注意观察溶液颜色的逐渐变化。

(二)糖类

1. 糖的鉴定

(1) Molisch法:在两试管中,分别加入2%蔗糖溶液1ml和2%淀粉溶液1ml,再在两管中各加10%α-萘酚酒精溶液1滴,摇匀后,小心沿试管壁逐滴加入浓硫酸各10滴(不要振摇),观察两液层间产生的现象。

(2) Seliwanoff法:2%葡萄糖和2%果糖溶液各1ml分别加入两试管中,再各加新配制的Seliwanoff试剂0.5ml,摇匀后,同时将两试管放入沸水浴中加热2分钟。观察结果。

2. 糖的还原性

取试管3支,分别加入2%葡萄糖、2%麦芽糖和2%蔗糖溶液各10滴,再各加Benedict试剂1ml,将此三试管在沸水浴中加热3分钟,观察结果。

3. 糖脎的生成

取试管四支,分别加入2%葡萄糖、2%果糖、2%乳糖和2%麦芽糖溶液各1ml,在葡萄糖和果糖两管中各加苯肼试剂5滴,另两管中各加苯肼试剂10滴,混匀后,将此四试管在沸水浴中加热30分钟,取出试管冷却,观察有无晶体析出及晶体析出快慢。用吸管分别吸少量所得糖脎置于不同的载玻片上,显微镜下观察它们的晶体形状。

4. 蔗糖的水解　在一试管中加入2%蔗糖溶液2ml,再滴加10%硫酸溶液10滴,将试管在沸水浴中加热10分钟,取出,冷却后滴加10%氢氧化钠至呈碱性,然后滴加Benedict试剂10滴,在沸水浴中加热数分钟,观察结果。

5. 淀粉的水解

(1) 在一试管中加入2%淀粉溶液10滴,再加碘试液1滴,观察有何变化?

(2) 取试管一支,加入2%淀粉溶液10滴,再加Benedict试剂10滴,将试管置沸水浴中加热3分钟,观察有否变化。

(3) 取试管一支,加入2%淀粉溶液20滴和浓盐酸2滴,置沸水浴中加热10~15分钟,加热时每隔1~2分钟取出1滴热的反应液,置于点滴板上,加碘试液1滴,记录颜色的变化。待反应液不再对碘显色时(因碘试液本身有色,点滴板上加1滴碘试液再加1滴蒸馏水作对照),取出试管,冷却,用10%氢氧化钠溶液调节至弱碱性,加Benedict试剂5滴,再在沸水浴中加热4~5分钟,观察结果。

(三)蛋白质

1. 蛋白质元素组成的鉴定　取一小玻匙的酪蛋白粉置于一干燥试管中,在试管内壁贴一小块湿润的红色石蕊试纸。把试管放在小火上加热,这时蛋白质受热变为焦黑,表示有碳元素存在,蛋白质经加热分解放出氨气,使红色石蕊试纸变蓝色,这表示有氮和氢元素存在。

2. 蛋白质的盐析　在一试管中,加入卵清蛋白溶液2ml,再分次用玻匙加入固体硫酸铵,每加一玻匙后,振摇试管,使硫酸铵溶解。当硫酸铵达到一定浓度时,蛋白质从溶液中成絮状沉淀析出。

3. 酒精对蛋白质的作用 在一试管中,加入卵清蛋白溶液 10 滴,再加 95%乙醇 1ml,振摇试管,观察溶液是否混浊。接着加水 1ml,观察溶液又有什么变化。

4. 蛋白质的变性沉淀

(1)取试管三支,各加入卵清蛋白溶液 10 滴,然后分别加入 0.5%醋酸铅,5%硝酸银和 1%硫酸铜溶液各 2 滴,摇匀,观察结果。

(2)另取试管一支,加入卵清蛋白溶液 5 滴,再加 10%三氯乙酸溶液 3 滴,观察结果。

5. 蛋白质的颜色反应 在试管中加入卵清蛋白溶液 5 滴和 10%氢氧化钠 5 滴,摇匀后,再加入 1%硫酸铜溶液 3 滴,随滴随摇匀,注意观察溶液颜色的变化。

6. 酪蛋白等电点的测定 取七支编号的试管置于试管架上,在第 2~7 号试管中用 5ml 移液管各加蒸馏水 5ml。另用一支 5ml 移液管,在第 1 和第 2 号试管中,分别加 0.16mol/L 醋酸溶液 5ml。用第一支移液管在第 2 号试管中搅动,使溶液均匀混合,然后吸出 5ml 溶液移入第 3 号试管,搅动第 3 号试管中溶液,均匀混合,吸出 5ml 移入第 4 号试管,用同样方法顺次稀释直至第 7 号试管,最后从第 7 号试管中吸出的 5ml 溶液弃去,这样每一试管中皆为 5ml 溶液。

在 1~7 号试管中各加入 1ml 酪蛋白溶液,摇匀并记下时间。

静置 15 分钟,观察各试管中溶液的混浊程度(可用 1~3 个“+”号表示),将结果填入表中。

根据下列公式计算出各管溶液的 pH 值,也填入表内,并找出沉淀最多的试管的 pH 值作为酪蛋白的等电点。

$$pH = 3.54 + 0.30m^{[6]}$$

式中 m 为试管号码,例如第 3 管即 m=3

$$pH = 3.54 + 0.30×3 = 4.44$$

试管号码	1	2	3	4	5	6	7
溶液 pH							
混浊程度							

注意事项

[1] Seliwanoff 试剂配制:0.5g 间苯二酚溶于 500ml 浓盐酸中,再加 500ml 蒸馏水即成。

[2] 苯肼试剂配制:5g 盐酸苯肼溶于适量水中,微热使之溶解(若溶液有色,则加少量活性炭脱色过滤),然后加 9g 醋酸钠,搅拌溶解,加蒸馏水至 100ml。

[3] 酪蛋白溶液的配制:称取 0.2g 酪蛋白置研钵中,逐滴加入蒸馏水,研细,直至酪蛋白小颗粒完全消失为止。将酪蛋白悬浊液移入 100ml 三角烧瓶中,同时尽可能用少量 40℃的蒸馏水将研钵中剩余酪蛋白悬浊液淋洗入三角烧瓶,用吸量管量取 1mol/L 醋酸钠溶液 5ml 加入酪蛋白悬浊液中,将三角烧瓶置于 40~50℃水浴中,不断搅拌,使酪蛋白完全溶解(如长时间搅拌仍不溶解时,可加入少量蒸馏水)。将溶液全部移入 50ml 容量瓶中,加水到刻度线。

[4] 卵清蛋白溶液的配制:取 5ml 鸡蛋清,用蒸馏水稀释至 100ml,搅拌均匀后用 4~8 层纱布过滤,新鲜配置。

[5] 判断皂化反应是否完全,可取 1 滴反应液置于一小试管中,加 4ml 热蒸馏水,如无油滴析出,表示皂化已经完全,可停止回流。反之,则需继续回流,直至皂化完全为止。

[6] 溶液的 pH 值计算依据:

$$pH = pk_a + lg \frac{n_{碱}}{n_{酸}}$$

$n_{碱}$ 和 $n_{酸}$ 分别代表碱和酸的毫摩尔数。每支试管中碱的毫摩尔数:

$n_{碱}=5/50=0.1$ 毫摩尔;酸的毫摩尔数随试管号码 m 增大依次减少二分之一。

$$n_{酸}=n_0×2^{1-m}$$

n_0 为醋酸的最初毫摩尔数,即在第 1 号试管中所含醋酸的毫摩尔数 $=0.16×5=0.8$,将 $n_{碱}$ 和 $n_{酸}$ 代入方程式 $pH=pk_a+\lg\dfrac{n_{碱}}{n_{酸}}$ 中。已知 $pk_a=4.74$,

$$pH=pk_a+\lg[0.1/(0.8×2^{1-m})]=4.74+\lg0.1-\lg0.8-(1-m)\lg2$$
$$=4.74-1+0.1-0.3+0.3m=3.54+0.30m$$

(顾生玖　牛　奔　李发胜)

第五章
合成及提取实验

一、苯甲酸的合成及其纯度测定

实验目的

1. 熟悉合成苯甲酸的原理及方法
2. 掌握回流、减压过滤等操作技术

器材

圆底烧瓶　250ml	布氏漏斗
球形冷凝管	抽滤瓶
电热套	循环水泵
减压抽滤装置	

药品和试剂

甲苯	高锰酸钾
Na_2CO_3	10%HCl 溶液
$NaHSO_3$	0.05mol/L NaOH 溶液
酚酞指示剂	活性炭
沸石	

实验原理

苯甲酸俗称安息香酸,因最初是由安息香胶制得而得名。苯甲酸可用作防腐剂,并可用于制杀菌剂、媒染剂、增塑剂、香料等。

制备芳香族羧酸的一个简便方法是将烷基芳族化合物氧化。在本实验中,是用碱性 $KMnO_4$ 将甲苯氧化成苯甲酸。反应如下:

实验内容

1. **苯甲酸的合成**　在 250ml 圆底烧瓶中加入 8.5g $KMnO_4$,1g Na_2CO_3 和 100ml 水,温和地加热混合物约 5 分钟。稍冷,再加入 2.7ml 甲苯和 2 粒沸石,然后将烧瓶连接在回流冷凝管上,加热回流并间歇摇动烧瓶[1],直到甲苯层几乎消失、回流液不再出现油珠(约需 1~2h)。将反应混合物趁热减压过滤[2],用少量热水洗涤二氧化锰滤渣。合并滤液和洗涤液,放在冰水浴冷却,用 10% 的 HCl(50~60ml)酸化,再少量分批加入固体的 $NaHSO_3$(5~7g)至溶液褪色,缓慢冷却滤液,至苯甲酸结晶析出完全。减压抽滤析出的苯甲酸,用少量冷水洗涤苯甲酸结晶,干燥,称重,即得苯甲酸。计算产率。

若产品不够纯净,可用热水重结晶,必要时加少量活性炭脱色。

苯甲酸的熔点为 121.7℃。

2. **苯甲酸纯度测定**　精确称取本实验所得苯甲酸 0.10~0.15g(准确至±0.0002g)于 250ml 锥形瓶中,加 50ml 水,加热使其溶解,加入 2 滴酚酞指示剂,用 0.05mol/L NaOH 标准溶液滴定至粉红色,记下读数,计算含量。重复两次,误差应不超过 0.4%。

注意事项

[1] 非均相反应应摇动装置,使反应充分。

[2] 反应结束要趁热过滤。

思考题

1. 加 HCl 酸化时,有什么现象出现?为什么?在加 HCl 时,应注意什么?

2. 反应完毕,为什么要加 $NaHSO_3$?重结晶时,加水量应怎么控制?

二、乙酸乙酯的制备

实验目的

1. 通过乙酸乙酯的制备,了解羧酸与醇合成酯的一般原理和方法

2. 进一步巩固蒸馏、用分液漏斗萃取,液体干燥等基本操作

器材

三颈瓶 100ml	蒸馏烧瓶 100ml
滴液漏斗 60ml	温度计
直形冷凝管	接液管
分液漏斗	锥形瓶 50ml
蒸馏头	托盘天平

药品和试剂

冰醋酸	95% 乙醇
浓 H_2SO_4	无水 $MgSO_4$
饱和食盐水	饱和 $NaHCO_3$ 溶液
pH 试纸	饱和 $CaCl_2$ 溶液

实验原理

本实验以冰醋酸和乙醇为原料,在浓硫酸催化作用下发生酯化反应制备乙酸乙酯。

$$CH_3COOH+CH_3CH_2OH \underset{\Delta}{\overset{浓 H_2SO_4}{\rightleftharpoons}} CH_3COOC_2H_5+H_2O$$

温度应控制在110~120℃之间,不宜过高,因为乙醇和乙酸都易挥发。酯化是可逆反应,生成的乙酸乙酯在同样的条件下又水解成乙酸和乙醇。由于酯化反应是一个可逆反应,为了获得较高产率的酯,通常采用增加酸或醇的用量以及不断移去产物中的酯或水的方法来进行。

反应完成后,初馏液中除乙酸乙酯外,还含有少量乙醇、水、乙酸等,故需用碳酸钠溶液洗去酸,用饱和氯化钙溶液洗涤除去其中的醇,并用无水硫酸镁进行干燥。

不同低相对分子质量的酯分别具有不同的水果香味(表 5-2-1),它们可用作食品及化妆品等的香料,乙酸乙酯是具有水果香味的无色液体,是一种重要的有机溶剂,是药物、染料及香料合成的原料,也是调配水果香型食用香精的组分。

表 5-2-1　常见酯的香型

名称	结构	香型
乙酸异戊酯	$CH_3COOCH_2CH_2CH(CH_3)_2$	香蕉
乙酸辛酯	$CH_3COOCH_2(CH_2)_6CH_3$	橙子
乙酸丁酯	$CH_3COOCH_2CH_2CH_2CH_3$	梨
丁酸乙酯	$CH_3CH_2CH_2COOCH_2CH_3$	菠萝
丁酸戊酯	$CH_3CH_2CH_2COO(CH_2)_4CH_3$	杏
异戊酸异戊酯	$(CH_3)_2CHCH_2COO(CH_2)_2CH(CH_3)_2$	苹果

通过有机合成的方法不仅能制得存在于植物中的许多具有香味的酯,而且还能合成适应各种需要的其他酯。

实验内容

1. 乙酸乙酯的合成

如图 5-2-1,在 100ml 磨口三颈瓶中,加入 12ml 95%乙醇,在振摇下分批加入 12ml 浓硫酸使混合均匀,并加入几粒沸石。三颈瓶两侧口分别插入 60ml 滴液漏斗及温度计,温度计的水银球浸入液面以下(距瓶底约 0.5~1cm),中间一口通过蒸馏头接冷凝装置,用 50ml 锥形瓶接收[1]。

将 12ml 95% 乙醇及 12ml 冰醋酸(约 12.6g, 0.21mol)的混合液,经由 60ml 滴液漏斗先滴入蒸馏瓶内约 3~4ml,然后用电热套缓慢加热三颈瓶,使瓶中反应液温度升到 110~120℃左右。这时在蒸馏管口应有液体蒸出来,再从滴液漏斗慢慢滴入其余的混合液。控制滴入速度和馏出速度大致相等[2],并维持反应液温度在 110~120℃之间[3]。滴加完毕

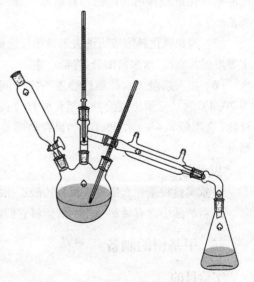

图 5-2-1　乙酸乙酯合成装置图

后,继续加热数分钟,直到温度升高到 130℃ 时不再有液体馏出为止。

2. 后处理　粗产品中除了有乙酸乙酯外,还有水和少量未反应的乙酸、乙醇以及其他副产物,必须通过处理加以除去。

往馏出液中慢慢加入饱和碳酸钠溶液(约 10ml),不时摇动,直至无二氧化碳气体逸出(用 pH 试纸检验,酯层应呈中性)。将混合液移入分液漏斗,充分振摇(注意活塞放气)后,静置。分去下层水溶液,酯层用 10ml 饱和食盐水洗涤后[4],再每次用 l0ml 饱和氯化钙溶液洗涤 2 次[5]。弃去下层液,酯层自分液漏斗上口倒入干燥的 50ml 锥形瓶中,用适量的无水硫酸镁(或无水硫酸钠)干燥 15 分钟[6]。

3. 精制　准备一套干燥的小型蒸馏装置。将上述经过干燥的酯层滤入干燥的 50ml 蒸馏瓶中,加入沸石后在电热套上进行蒸馏。收集 73～78℃ 的馏分。称重(可先将干燥的空接受瓶称量好),产量约 10.5～12.5g,计算产率。

纯乙酸乙酯为无色而有香味的液体,沸点为 77.06℃,折光率 n_D^{20} 为 1.3723。

注意事项

[1] 对于沸点较低的酯,若采用相应的酸与醇回流加热来制备,常常不够理想。本实验所采用的酯化方法,适用于合成一些沸点较低的酯类。优点是能连续进行,用较小容积的反应瓶制得较大量的产物。

[2] 滴加速度太快会使醋酸和乙醇来不及作用而被蒸出。

[3] 反应的温度不宜过高,因为温度过高会增加副产物的产量。本实验中涉及到的副反应较多。如:

$$2C_2H_5OH \xrightarrow{\text{浓 } H_2SO_4} C_2H_5OC_2H_5 + H_2O$$

$$C_2H_5OH + H_2SO_4 \longrightarrow CH_3CHO + SO_2 + H_2O$$

[4] 在洗液过程中,在用饱和 Na_2CO_3 溶液中和萃取后,要用饱和 NaCl 溶液萃取一次,然后再用饱和 $CaCl_2$ 溶液萃取,否则,液体中如果残留有 Na_2CO_3,则会和 Ca^{2+} 生成 $CaCO_3$ 沉淀而影响产品的纯化过程。而且用饱和食盐水洗涤。为减少酯在水中的溶解度(每 17 份水溶解 1 份乙酸乙酯)。

[5] 饱和氯化钙溶液可洗去未参加反应而蒸出的乙醇。乙醇必须洗净,否则它能与乙酸乙酯、水等形成共沸物,增多前馏分,降低产率。

[6] 加入适量无水硫酸镁静置一定时间直至溶液变得澄清即可。乙酸乙酯与水形成沸点为 70.4℃ 的二元恒沸混合物(含水 8.1%);乙酸乙酯、乙醇与水形成沸点 70.2℃ 的三元恒沸混合物(含乙醇 8.4%,水 9%)。如果在蒸馏前不把乙酸乙酯中的乙醇和水除尽,就会有较多的前馏分。

思考题

1. 本实验根据什么原理来提高乙酸乙酯的产率? 浓硫酸在这里起什么作用?

2. 粗产品中含有哪些杂质? 如何将它们除去?

三、甲基橙的制备

实验目的

1. 复习并掌握重氮化反应和重氮盐偶联反应

2. 熟悉重氮盐的制备及芳香叔胺的偶联反应及甲基橙的合成方法

3. 掌握盐析和重结晶的原理和操作

器材

锥形瓶	烧杯
试管	量筒
恒温水浴装置	冰水浴装置
抽滤装置	天平
石蕊(或 pH)试纸	滤纸

药品和试剂

无水碳酸钠	对氨基苯磺酸
亚硝酸钠	浓盐酸
N,N-二甲基苯胺	冰乙酸
10%氢氧化钠水溶液	氯化钠
饱和食盐水	乙醇
乙醚	

实验原理

甲基橙(methyl orange)是一种偶氮化合物类的染料,它可以通过重氮化-偶联反应制备。首先将对氨基苯磺酸与碱作用,得到溶解度较大的盐。重氮化反应时,由于溶液的酸化(亚硝酸钠和盐酸生成亚硝酸),对氨基苯磺酸从溶液中以微粒析出,并立即与亚硝酸发生重氮化反应,生成重氮盐(diazonium salt),后者再与 N,N-二甲基苯胺的醋酸盐发生偶联反应,得到亮红色的酸式甲基橙(酸性黄)。化学反应如下:

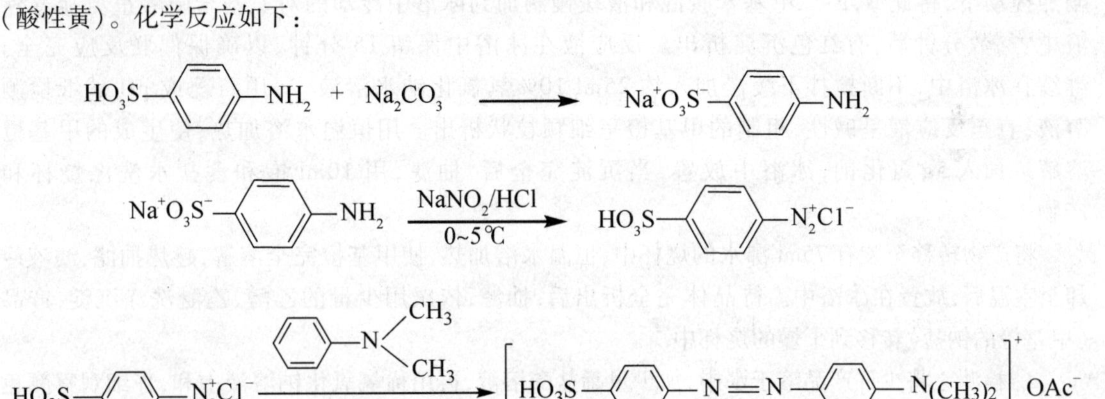

酸性黄(Helianthin)

在碱性条件下,酸性黄转变成橙黄色的钠盐,即甲基橙。

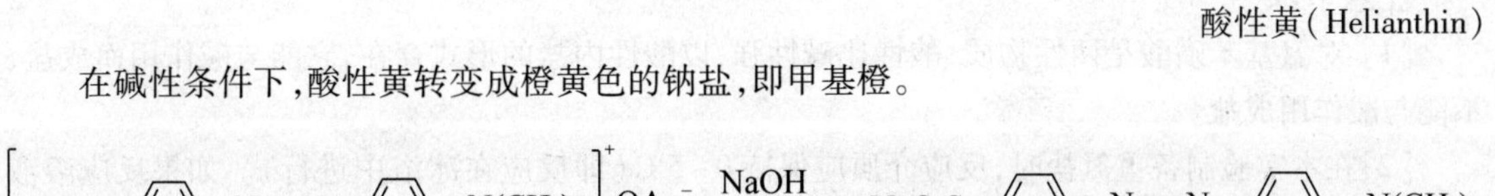

甲基橙是一种常用的酸碱指示剂,pH≥4.4 时呈黄色,pH = 3.1~4.4 时呈橙色,pH≤3.1 时呈红色。甲基橙通常配制成 0.01%的水溶液使用。

$$NaO_3S \text{—} \bigcirc \text{—} N=N \text{—} \bigcirc \text{—} N(CH_3)_2$$

$$NaOH \updownarrow NCl$$

$$NaO_3S \text{—} \bigcirc \text{—} \overset{H}{\underset{}{N}} \text{—} N= \bigcirc = \overset{+}{\underset{CH_3}{N}} \overset{CH_3}{} \longleftarrow NaO_3S \text{—} \bigcirc \text{—} \overset{+}{\underset{H}{N}}=N \text{—} \bigcirc \text{—} N(CH_3)_2$$

重氮盐与芳香族叔胺或酚类起偶联反应,生成具有 $C_6H_5\text{—}N=N\text{—}C_6H_5$ 结构的有色偶氮化合物,即偶氮染料。在偶联过程中,介质的酸碱性对反应影响很大,重氮盐与酚类偶联宜在中性或弱碱性中进行,而与胺类偶联,宜在中性或弱酸性中进行。由于大多数重氮盐不稳定,温度高容易导致分解,所以重氮盐偶联反应必须严格控制较低的反应温度(0~5℃)。重氮盐不稳定,通常重氮盐制备好后,立即直接用于下一步合成。

实验内容

1. 对氨基苯磺酸重氮化 在 100ml 锥形瓶中,依次加入 25ml 水、0.6g 无水碳酸钠、2g 对氨基苯磺酸一水合物(或 1.8g 无水物)[1],蒸气浴加热至锥形瓶中化合物溶解,趁热过滤,用 1~2ml 热水洗涤。滤液冷至室温,加入 0.8g 亚硝酸钠,搅拌直至溶解。搅拌下,将该溶液缓慢加入含有 13ml 冰水和 4ml 浓盐酸的 400ml 烧杯中,细小的白色对氨基苯磺酸重氮盐沉淀析出,将该悬浮液保存在冰浴中待用。

2. 甲基橙的制备 在试管中混和 1.3ml N,N-二甲基苯胺(0.01mol)和 2ml 冰乙酸。搅拌棒剧烈搅动下,将此 N,N-二甲基苯胺混和液缓慢滴加到冰浴中冷却的对氨基苯磺酸重氮盐悬浮液中[2],数分钟后,有红色沉淀析出。反应液在冰浴中保留 15 分钟,以确保偶联反应完全。继续在冰浴中,不断搅拌下缓慢加入约 25ml 10% 氢氧化钠水溶液[3],用石蕊或 pH 试纸检测溶液,直至反应液呈碱性,粗制的甲基橙呈细颗粒状析出。用恒温水浴加热,使生成的甲基橙溶解。加入 5g 氯化钠,冰浴中放置,当沉淀完全后,抽滤,用 10ml 饱和食盐水洗涤烧杯和产物。

将产物转移至装有 75ml 沸水的烧杯中,恒温水浴加热,使甲基橙完全溶解,趁热抽滤,滤液冷却至室温后,放置在冰浴中。待晶体完全析出后,抽滤,依次用少量的乙醇、乙醚洗涤沉淀,产品(甲基橙的钠盐)转移到干燥的烧杯中[4]。

3. 检测 将少许产品溶于水中,加少量稀盐酸溶液,再用稀氢氧化钠溶液中和,仔细观察颜色的变化[5]。

注意事项

[1] 对氨基苯磺酸是两性物质,酸性比碱性强,以酸性内盐的形式存在,它能与碱作用而成盐,不能与酸作用成盐。

[2] 在本实验制备重氮盐时,反应介质应保持 0~5℃(即反应在冰浴中进行)。如果反应溶液温度升高,重氮盐会水解成酚,从而降低产率。偶联反应时,也应控制反应液温度在 0~5℃。

[3] 含有 N,N-二甲基苯胺醋酸盐的溶液,在加入氢氧化钠后,会有难溶于水的 N,N-二甲基苯胺析出,这影响产物的纯度。湿的甲基橙在空气中受光照后,颜色会很快变深,所以粗产物一般是紫红色的。

[4] 由于产物呈碱性,温度高时,颜色容易变深,所以重结晶操作应该迅速。用乙醇、乙醚洗涤的目的是促使产物迅速干燥。

[5] 有机酸的盐大多没有较精确的熔点,所以本实验无需测定产品的熔点。

思考题

1. 本实验中,重氮盐制备为什么要控制在 0~5℃ 中进行? 偶联反应为什么在弱酸性介质中进行? 如果在强酸或强碱性介质中是否可行?

2. 本实验中,在制备重氮盐时,为什么要先把对氨基苯磺酸变成钠盐? 能否改成下列操作步骤:先将对氨基苯磺酸与盐酸混和后,再向混和液中滴加亚硝酸钠溶液进行重氮化反应,为什么?

3. 为什么 N,N-二甲基苯胺与重氮盐偶联发生在氨基的对位?

四、环己酮的制备

实验目的

1. 学习由醇氧化法制备酮的实验室方法

2. 进一步熟练掌握分液漏斗的使用方法

器材

圆底烧瓶 250ml	蒸馏头
直形冷凝管	接液管
温度计	分液漏斗
锥形瓶 50ml	布氏漏斗
抽滤瓶	

药品和试剂

浓硫酸	环己醇
重铬酸钾	草酸
食盐	无水碳酸钾
沸石	

实验原理

由二级醇制备酮,最常用的氧化剂为重铬酸盐与浓硫酸的混合液,或三氧化铬的冰醋酸溶液等,酮在此条件下比较稳定,产率也较高。反应式如下:

$$\text{环己醇} \underset{\text{浓}H_2SO_4}{\overset{K_2Cr_2O_7}{\rightleftharpoons}} \text{环己酮}$$

实验内容

在 250ml 圆底烧瓶内,加入 90ml 冰水,在搅拌下慢慢加入 14ml 浓硫酸,充分混匀,小心地加入 14ml 环己醇(0.13mol)。在上述混合液内插入一支温度计,将溶液冷却至 30℃ 以下。

称取 14g 重铬酸钾(0.047mol)固体,先加入少量重铬酸钾,振摇烧瓶,这时可观察到反应温度上升和反应液由橙红色变为墨绿色[1],表明氧化反应已经发生[2]。继续向圆底烧瓶中分批逐渐加入剩余的重铬酸钾,同时不断振摇烧瓶,控制添加速度,保持烧瓶内反应液温度在 55~60℃ 之间。若超过此温度时立即在冰水浴中冷却。加完后,继续振摇反应瓶,直至观察到温度自动下降 1~2℃ 以上。然后再加入少量的草酸(约需 0.7g),振摇,使反应液完全变成墨绿色,以破坏过量的重铬酸盐。

在反应瓶内加入 60ml 水,再加两粒沸石,装成蒸馏装置[3],将环己酮与水一起蒸馏出来,环己酮与水能形成共沸点为 95℃ 的共沸混合物。直至馏出液不再混浊后再多蒸约 10ml(共收集馏出液 60~80ml)[4],用食盐(需 10~13g)饱和馏出液后移入分液漏斗中,静置后分出有机层,用适量的无水碳酸钾干燥(静置 20 分钟),过滤,蒸馏,收集 150~156℃ 馏分。称重,计算产率。

环己酮的沸点为 156.6℃,折光率 n_D^{20} 为 1.4507,密度 $d = 0.9478$。

注意事项

[1] 橙红色的重铬酸盐变成墨绿色的低价铬盐。

[2] 若氧化反应还没有发生,不要继续加入氧化剂,因过量的氧化剂能使反应过于激烈而难以控制。

[3] 这实际上是一种简化的水蒸气蒸馏装置。

[4] 水馏出量不宜过多,否则即使使用盐析,仍不可避免少量的环己酮溶于水中而损失(31℃ 时环己酮在水中的溶解度为 2.4g)。

思考题

1. 当反应结束后,为什么要加入草酸?如果不加入草酸有什么不好?

2. 用高锰酸钾的水溶液氧化环己酮,应得到什么产物?

3. 本反应可能有哪些副产物生成,试写出有关的化学反应方程式。

五、1-溴丁烷的制备

实验目的

1. 学习以溴化钠、浓硫酸及正丁醇制备 1-溴丁烷的原理和方法。

2. 掌握带有吸收有害气体装置的回流和加热操作方法。

3. 巩固分液漏斗的洗涤操作。

器材

圆底烧瓶 150ml,100ml	分液漏斗
锥形瓶 50ml2 个	电热套
玻璃漏斗	滤纸
铁架台	铁圈
球形冷凝管(或蛇形冷凝管)	分液漏斗 60ml 2 个

药品和试剂

冰硫酸	正丁醇
溴化钠	无水 $CaCl_2$
饱和 $NaHCO_3$ 溶液	

实验原理

利用饱和碳原子上发生亲核取代反应,从正丁醇制备 1-溴丁烷。反应式为:

$$NaBr + H_2SO_4 \longrightarrow HBr + NaHSO_4$$

$$n\text{-}C_4H_9OH + HBr \rightleftharpoons n\text{-}C_4H_9Br + H_2O$$

可能的副反应有:

$$CH_3CH_2CH_2CH_2OH \xrightarrow[\Delta]{\text{浓 } H_2SO_4} CH_3CH_2CH=CH_2 + H_2O$$

$$2CH_3CH_2CH_2CH_2OH \xrightarrow[\Delta]{\text{浓 } H_2SO_4} C_4H_9OC_4H_9 + H_2O$$

$$2HBr + H_2SO_4 \longrightarrow Br_2 + SO_2 + 2H_2O$$

反应中,溴化钠与浓硫酸作用生成氢溴酸,过量的硫酸使平衡向生成产物的方向移动,因为它通过产生更高浓度的氢溴酸及吸水作用,加速反应的进行。硫酸还能使醇的羟基质子化,因而离去基团不是氢氧离子(-OH)而是更好的离去基团水分子。另外,硫酸还使生成的水质子化,阻止了卤代烃通过水解而变回醇,以使反应顺利生成产物。在1-溴丁烷的分离过程中,用硫酸洗涤粗产品以洗去未反应的正丁醇,并除去反应副产物烯烃和醚。

实验内容

在250ml圆底烧瓶中,放入20ml水,小心加入29ml(0.53mol)浓硫酸,混合均匀,冷至室温。依次加入15g(约18.5ml,0.20mol)正丁醇,25g(0.24mol)研细的溴化钠。充分振摇后,加入1~2粒沸石。装上回流冷凝管,在其上端接一吸收溴化氢气体的装置,倒置的漏斗边缘恰好触及烧杯中的稀氢氧化钠溶液表面,参见图4-5-1(勿使漏斗全部埋入水中,以免倒吸)。

将烧瓶在电热套上用小火加热回流1h,并经常摇动[1]。冷却后,拆去回流装置,稍冷却后,再向烧瓶内加几粒沸石,改为常压蒸馏装置。用50ml锥形瓶作接收器,蒸出所有的1-溴丁烷[2]。

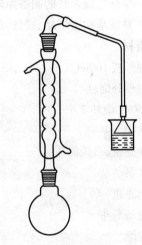

图5-5-1 1-溴丁烷合成回流装置图

将馏出液移至分液漏斗,加入15ml水洗涤[3],将下层粗产物分入另一干燥的分液漏斗中,用10ml浓硫酸洗涤[4],尽量将硫酸层分离干净。剩余的有机层自分液漏斗上口倒入另一已洗净的分液漏斗中。再依次用水、饱和碳酸氢钠溶液及水各15ml洗涤。将下层产物盛于干燥的50ml锥形瓶中,加入约2g无水氯化钙,塞紧瓶塞静置干燥1h。

将干燥后的产物通过有折叠滤纸的小漏斗滤入50ml蒸馏瓶中,加入沸石后在电热套上加热蒸馏,收集99~103℃的馏分。称重,计算产率。

纯粹1-溴丁烷的沸点为101.6℃,折光率为1.4399。

注意事项

[1] 在加料过程中及回流时应不时摇动,否则将影响产量。

[2] 1-溴丁烷是否蒸完,可从以下三方面判断:①馏液是否由混浊变为澄清;②反应瓶上层油层是否消失;③取一已盛有水的小试管,收集几滴馏出液,振摇,观察有无油珠出现。如无,表示馏出液中已无有机物,蒸馏已完成。蒸馏不溶于水的有机物时,常可用此法检验。

[3] 用水洗涤后馏液如呈红色,表示存在游离溴,可加入几毫升饱和亚硫酸氢钠溶液洗涤除去。

[4] 浓硫酸洗去粗产物中少量未反应的正丁醇和副产物丁醚等杂质,因为在以后的蒸馏中,由于正丁醇和1-溴丁烷可形成共沸物(bp.98.6℃,含正丁醇13%)而难以除去。

思考题

1. 加料时,先使溴化钠与浓硫酸混合,然后加正丁醇及水可以吗? 为什么?

2. 反应后各步洗涤的目的何在? 用浓硫酸洗涤时为何要用干燥的分液漏斗?

3. 用分液漏斗洗涤产物时,1-溴丁烷时而在上层,时而在下层,你用什么简便方法加以判断?

4. 回流加热后反应瓶内容物呈红棕色,主要原因是什么?

5. 为什么用分液漏斗洗涤产物时,经摇动后要放气?应从哪里放气,指向什么方向?

6. 写出无水氯化钙吸水后所起化学变化的反应式。为什么蒸馏前一定要将它过滤掉?

六、乙酰苯胺的制备

实验目的

1. 掌握乙酰苯胺的制备原理并加深对乙酰化反应的理解

2. 熟练掌握重结晶、脱色、热过滤、抽滤等基本操作技术

器材

锥形瓶 100ml	圆底烧瓶 100ml
刺形分馏柱	150℃温度计
250ml 烧杯 2 个	铁架台
铁圈	100ml 量筒 2 个
抽滤瓶、布氏漏斗	电热套
水泵	蒸发皿
抽滤瓶	天平(或台秤)
短颈漏斗	剪刀
滤纸	玻棒
沸石	

药品和试剂

冰醋酸	苯胺
锌粉	活性炭

表 5-6-1 主要试剂及主要产物的物理常数

有机化合物	分子量	熔点(℃)	沸点(℃)	相对密度 d_4^{20}	水溶解度(g/100ml)
苯胺	93.16	-6.3	184	1.02	3.7
冰醋酸	60.05	16.6	118	1.05	∞
乙酰苯胺	135.17	114.3	305	1.21	0.56

实验原理

乙酰苯胺在医药上曾用作退热剂,是合成许多苯系取代物的中间体。它可通过苯胺与乙酰氯、乙酸酐或冰醋酸等试剂作用制得。其中,苯胺与乙酰氯反应最剧烈,乙酸酐次之,冰醋酸最慢,但用冰醋酸价格便宜,操作方便。这种在有机化合物中引入乙酰基的反应称为乙酰化反应(acetylation reaction)。本实验采用冰醋酸作乙酰化试剂,反应式如下:

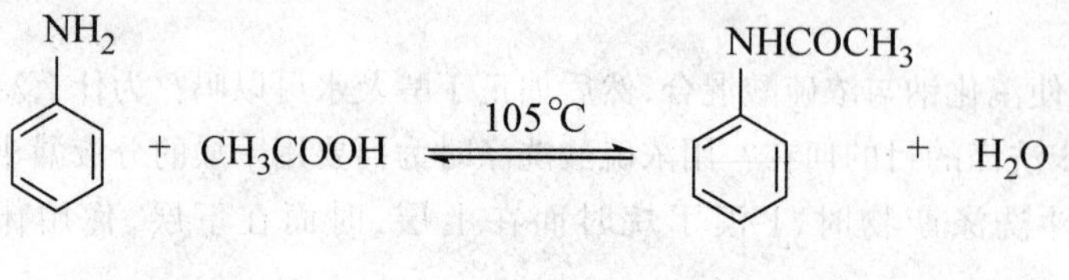

本反应为可逆反应,故把生成的水蒸出,使反应不断向右进行。

从有机反应中得到的产物往往是不纯的,其中常夹杂有一些反应的副产物、未作用的反应物及催化剂等。所以要设法将杂质与所需的产物进行分离,加以纯化。纯化的简易有效方法为热过滤、重结晶等提纯法。

实验内容

1. 合成　在一干燥的 100ml 圆底烧瓶中放入新蒸馏过的苯胺 10ml(10.23g,0.11mol)[1]和 15ml(15.6g,0.26mol)冰醋酸,加少许锌粉[2]及沸石 2 粒。圆底烧瓶上装上一个刺形分馏柱,柱顶插一支 150℃温度计,支管接一接收管。接收管下端接一小锥形瓶,收集蒸出的水和乙酸(乙酰苯胺的合成装置图见图 5-6-1)。

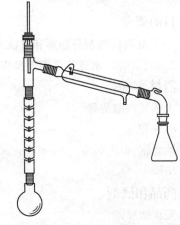

图 5-6-1　乙酰苯胺的合成装置图

用电热套加热圆底烧瓶中的反应物至沸,控制加热温度,使温度计读数保持在 105℃左右(不超过 110℃),经过大约 40 分钟,反应所生成的水几乎完全蒸出(含少量未反应的醋酸),收集馏出液 6~8ml 时,温度计读数下降或不稳定,表示反应已经完成。在搅拌下趁热将烧瓶中的液体倒入盛100ml 冰水的烧杯中,析出乙酰苯胺结晶。冷却后将产物用布氏漏斗抽滤,抽干后用少许冷蒸馏水洗涤 3 次,抽滤得粗产品。

2. 精制　将粗产品移至 250ml 烧杯中,加入 100~150ml 蒸馏水,加热至沸,乙酰苯胺完全溶解(如果乙酰苯胺不完全溶解,可再加 25ml 蒸馏水)。稍放冷,加 0.5g 活性炭脱色[3,4],搅拌使活性炭较均匀地分散在溶液中,然后煮沸 5 分钟。预热布氏漏斗和抽滤瓶,趁热抽滤。

将滤液尽快转入 150ml 的烧杯中,冰水浴冷却,乙酰苯胺的片状晶体析出。用布氏漏斗抽滤,得结晶,并用少量的冷蒸馏水洗涤 2~3 次,压紧抽干。结晶放在蒸发皿上,用水浴干燥,称重,并计算产率。

测定熔点(文献值:114.3℃)。

注意事项

[1] 在 100ml 水中,乙酰苯胺的溶解度与温度的关系为:100℃溶解 5.55g,80℃溶解 3.45g,50℃溶解 0.84g,20℃溶解 0.46g。乙酰苯胺的熔点为 114℃,在沸水中乙酰苯胺可转变成油状物,所以在制备饱和溶液时,必须使油状物完全溶解。

[2] 加入少许锌粉的目的是防止苯胺在加热过程中被氧化。

[3] 活性炭是一种空隙结构发达,比表面很大,有很强吸附力的炭。它能吸附有机物质,故在有机合成上常用来脱去有色物质,该操作称为"脱色"。

[4] 活性炭不能加入沸腾或很热的溶液中,以免溶液"暴沸"。

思考题

1. 重结晶提纯的原理是什么?

2. 为什么在合成乙酰苯胺的步骤中,反应温度控制在 105℃?

3. 在合成乙酰苯胺的步骤中,为什么采用刺形分馏柱,而不采用普通的蒸馏柱?

4. 为什么采用过量的冰醋酸进行反应?

5. 什么叫酰化反应,哪些物质可作为酰化剂?

6. 本实验的产品最后的步骤是在水浴上进行干燥,能否采用明火干燥?为什么?

7. 为什么在合成步骤中,生成的产物要在趁热和不断搅拌的情况下倒入冰水中,意义何在?

七、肉桂酸的制备

目的要求

1. 了解肉桂酸制备原理和方法。

2. 掌握回流、水蒸气蒸馏等操作。

器材

水蒸气蒸馏装置	球形冷凝管(或蛇形冷凝管)
电热套	圆底烧瓶 250ml
抽滤瓶、布氏漏斗	水泵
玻棒	

药品和试剂

无水醋酸钾	乙酸酐
苯甲醛(新蒸)	碳酸钠
活性炭	浓盐酸
70%乙醇	

表 5-7-1 主要试剂及主要产物的物理常数

名称	分子量	性状	折光率	比重	熔点℃	沸点℃	溶解度/100g 水
苯甲醛	106.12	无色液体	1.5450	1.044	−26	178~179	
乙酸酐	102.08	无色液体	1.3900	1.082	−73	138~140	∞
肉桂酸	148.16	无色结晶		1.248	133~134	300	

实验原理

芳香醛和酸酐在碱性催化剂的作用下,可以发生类似羟醛缩合反应,生成 α,β-不饱和芳香酸,这个反应称为"Perkin"反应。催化剂通常是相应酸酐的羧酸钾或钠盐,也可用碳酸钾或叔胺。乙酸酐在无水醋酸钾的作用下,生成乙酸酐的负碳离子,然后,负离子和芳香醛发生亲核加成反应,生成中间物 β-羟基酸酐,然后再发生失水和水解作用就得到不饱和酸。反应式为:

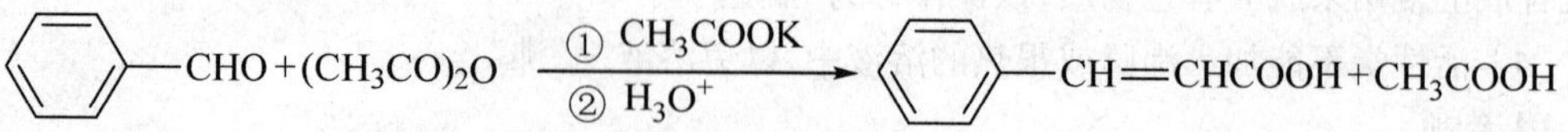

实验内容

1. 在配有回流冷凝管的 250ml 干燥圆底烧瓶中[1],加入 3.0g 研细的无水醋酸钾、7.5ml(0.078moL)乙酸酐,5ml(0.05moL)新蒸过的苯甲醛和几粒沸石[2],电热套上加热回流 1h[3]。

2. 回流完毕后,慢慢加入固体碳酸钠(约 5~8g),使溶液呈碱性(pH≈8),进行水蒸气蒸馏,直到馏出液无油珠后即可停止水蒸气蒸馏。

3. 向上述 250ml 圆底烧瓶中,加入少量(约 0.5g)活性炭[4],装上回流冷凝管,加热回流 5~10 分钟,趁热过滤,尽快将滤液倒出并冷却至室温[5],在搅拌下往滤液中慢慢滴加浓盐酸至溶液呈酸性(pH=2~3)[6],用冰水冷却待结晶充分析出后,抽滤,并以少量冷水洗涤结晶,干燥,称重,计算产率。

注意事项

[1] 所用仪器必须是干燥的。因乙酸酐遇水能水解成乙酸,无水 CH₃COOK,遇水失去催化作用,影响反应进行(包括称取苯甲醛和乙酸酐的量筒)。

[2] 放久了的乙酸酐易潮解吸水成乙酸,故在实验前必须将乙酸酐重新蒸馏,否则会影响产率。久置后的苯甲醛易自动氧化成苯甲酸,这不但影响产率而且苯甲酸混在产物中不易除净,影响产物的纯度,故苯甲醛使用前必须蒸馏。无水醋酸钾,必须是新配制的,它的吸水性很强,操作要快。它的干燥程度对反应能否进行和产量的提高都有明显的影响。

[3] 加热回流,控制反应呈微沸状态,如果反应液剧烈沸腾易使乙酸酐蒸出而影响产率。在反应温度下长时间加热,肉桂酸易脱羧生成苯乙烯,进而生成苯乙烯低聚物。

[4] 进行脱色操作时一定取下烧瓶,稍冷之后再加热活性炭。

[5] 反应物必须趁热倒出,否则易凝成块状。热过滤时必须是真正热过滤,布氏漏斗要事先在沸水中取出,动作要快。

[6] 进行酸化时要慢慢加入浓盐酸,一定不要加入太快,以免产品冲出烧杯造成产品损失。

思考题

1. 苯甲醛分别同丙二酸二乙酯、过量丙酮相互作用应得到什么产物?从这些产物中如何进一步制备肉桂酸?

2. 苯甲醛和丙酸酐在无水丙酸钾的存在下,相互作用后得到什么产物?

3. 在 Perkin 反应中,醛和具有 R₂CHCOOCOCHR₂ 结构的酸酐相互作用,能得到不饱和酸吗?为什么?

八、中药黄连中提取黄连素

实验目的

1. 了解从中草药中提取生物碱的原理和基本方法

2. 熟悉固液提取的装置及方法

器材

圆底烧瓶 25ml,50ml	蒸馏头
球形冷凝管	接液管
直形冷凝管	普通漏斗
三角瓶 50ml	布氏漏斗
抽滤瓶 50ml	热浴
研钵	pH 试纸

药品和试剂

黄连	95%乙醇
1%乙酸溶液	浓盐酸
丙酮	

实验原理

黄连为多年生草本植物,是我国产名贵药材之一,其抗菌力很强,对急性结膜炎、口疮、急性细菌性痢疾、急性肠胃炎等均有很好的疗效。黄连中含有多种生物碱,除主要有效成分小檗碱(berberine)俗称黄连素以外,尚含有黄连碱、甲基黄连碱、棕榈碱和非洲防己碱等。黄连中黄连素的含量随野生、栽培环境而改变,通常为 4% ~ 10%。黄连和黄柏中黄连素的含量最高,其他含黄连素的植物还有三颗针、伏牛花、白屈菜、南天竹等。

黄连素为黄色针状结晶,熔点 145℃,微溶于水和乙醇,易溶于热水和热乙醇,几乎不溶于乙醚。黄连素存在三种互变异构体,但在自然界中多以季铵碱的形式存在。

小檗碱

黄连素的盐酸盐,氢碘酸盐,硫酸盐、硝酸盐均难溶于冷水,易溶于热水,其各种盐的纯化都比较容易。本实验利用这些性质提取黄连素。

实验内容

1. 提取　称取 2g 黄连,切碎,在研钵中研细后放入 25ml 圆底烧瓶中,加入 10 ~ 15ml 95%乙醇,安装回流冷凝管,水浴加热回流 0.5 小时,静置 0.5 小时,抽滤,滤渣重复上述操作一次[1],合并两次所得滤液。滤液在水泵减压下蒸除乙醇[2],得棕红色糖浆状物质。

2. 纯化　于糖浆状物质中加入 6 ~ 8ml 1%醋酸溶液,加热溶解,热过滤。滤液中滴加浓盐酸(约 2ml)至溶液混浊。冰浴冷却,析出黄色针状晶体[3]。抽滤,晶体用冰水洗涤两次[4],烘干,称量。计算产率。

黄连 $\xrightarrow[\text{回流}]{\text{乙醇}}$ 抽滤 $\longrightarrow$ 滤液 $\xrightarrow{\text{减压蒸馏}}$ 糖浆 $\xrightarrow[\text{溶解}]{1\%\text{HOAc}}$ 抽滤 $\longrightarrow$ 滤液 $\xrightarrow[\text{洗涤}]{\text{浓盐酸}}$ $\xrightarrow{\text{冷析}}$ 黄色针状晶体

注意事项

[1] 第二次提取可适当减少乙醇用量和浸泡时间;用索氏提取器提取 2 ~ 3 次,效果更好。

[2] 也可用旋转蒸发器进行减压蒸馏操作。

[3] 如晶形不好,可用水重结晶一次。将黄连素盐酸盐加热水至刚好溶解,煮沸,用石灰乳调节 pH = 8.5 ~ 9.8,冷却后滤去杂质,滤液继续冷却到室温以下,即有针状体的黄连素析出。

[4] 可用丙酮洗涤一次,以加快干燥速率。

思考题

1. 黄连素为何种生物碱类的化合物?

2. 为何要用石灰乳来调节 pH 值,用强碱氢氧化钾(钠)行不行? 为什么?

九、槐花米中提取芦丁

实验目的

1. 掌握碱-酸法提取黄酮类化合物的原理和操作

2. 熟悉芦丁的鉴别试验

器材

烧杯 500ml	容量瓶 50ml,100ml
刻度吸管 10ml	玻璃棒
电热套	漏斗
抽滤瓶	砂芯漏斗
滤纸	培养皿
纱布	

药品和试剂

槐花米粗粉	硼砂
生石灰	浓盐酸
乙醇	甲醇
镁粉	$ZrOCl_2$
柠檬酸	α-萘酚
醋酸钠	金属钠
无水三氯化铝	浓硫酸

实验原理

芦丁(Rutin)广泛存在于植物界,现已发现 70 种以上的植物(如:烟叶,槐花米(*Sophoru japonica* 未开放的花蕾)、荞麦和蒲公英)中含有芦丁,其中槐花米和荞麦中芦丁含量最高,可作为大量提取芦丁的原料。

提取芦丁的方法很多,目前我国多采用碱提取-酸沉淀法,其提取原理是,芦丁结构中含有酚羟基,能与碱反应生成盐而溶于水,向此盐溶液中加入酸,则芦丁游离析出。此外,还可采用水和醇提取法。

芦丁有助于保持及恢复毛细血管的正常弹性,可用作防治高血压病的辅助治疗剂。芦丁多口服给药。

芦丁为淡黄色针晶,含三分子结晶水物($C_{27}H_{30}O_{16} \cdot 3H_2O$)的熔点为 174~178℃。100mmHg 和 110℃加热 12 小时后,变为无水物,其熔点为 188~190℃。1g 芦丁可溶于约 300ml 冷水,200ml 沸水,7ml 沸甲醇。芦丁溶于吡啶、甲酰胺和碱液,微溶于乙醇、丙酮、乙酸乙酯,不溶于氯仿,二硫化碳、乙醚、苯等。芦丁结构式如下:

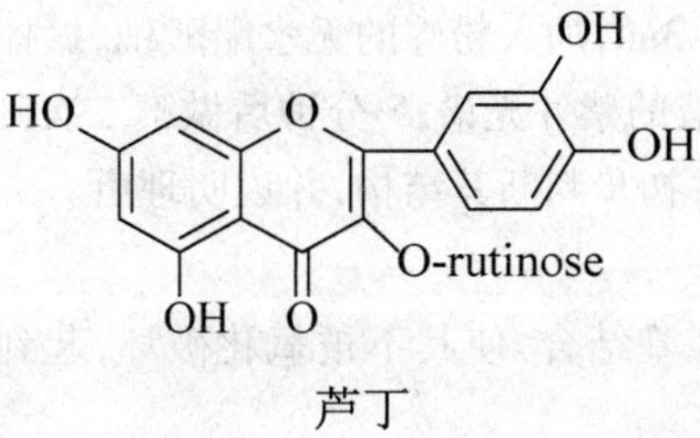

芦丁

实验内容

1. 芦丁的提取和纯化

(1)碱提取:500ml 烧杯中加 300ml 水,1g 硼砂[1],加热至沸后投入槐花米粗粉 25g,继续煮沸 3~5 分钟,搅拌下小心加入饱和石灰水(1g 生石灰 + 10ml 蒸馏水),调 pH 至 8.5~9[2],保持微沸

15~20 分钟,趁热用纱布过滤。

(2)酸沉淀:将滤液放冷至室温,在 60~70℃下用浓盐酸调 pH 至 4,充分冷却、静置,析出沉淀,抽滤,用蒸馏水洗沉淀 1~2 次,称重,得芦丁粗品。

(3)重结晶[3]:将沉淀悬浮于约 500ml 蒸馏水中,加热煮沸 10 分钟,趁热抽滤。滤液静置至不再析出沉淀,抽滤,沉淀用蒸馏水洗至中性,于 60~70℃干燥,称重,得芦丁精制品。

2. 芦丁的化学鉴定　芦丁精制品 3~4 mg,加乙醇 5~6ml 溶解,分成 3 份,做以下实验。

(1)取上述溶液 1~2ml 加入试管,加少许镁粉,加 2 滴浓盐酸,观察颜色变化。

(2)取上述溶液 1~2ml 加入试管,滴加 2%ZrOCl$_2$ 的乙醇溶液,注意观察颜色变化,再加 2%柠檬酸乙醇溶液,详细记录颜色变化[4]。

(3)α-萘酚反应(Molish Reaction)　试管中加上述溶液 1~2ml,等体积 10% α-萘酚乙醇溶液,摇匀,沿管壁慢慢滴加硫酸,观察两液界面产生的颜色变化。

3. 芦丁、槲皮素的光谱鉴定

(1)试剂的配制

甲醇钠溶液:取新切割的金属钠 2.5g,小心分次加到 100ml 干燥的光谱纯的甲醇中,所得溶液密塞贮存于玻璃容器中。

无水醋酸钠:粉末状无水醋酸钠可直接使用。如无,则取醋酸钠(NaOAc·3H$_2$O)置蒸发皿中,于 120℃干燥 2 小时,粉碎即可。

三氯化铝溶液:1g 无水三氯化铝小心加到 20ml 光谱纯甲醇中,放置 24 小时。

盐酸贮备液:浓盐酸 50ml 与蒸馏水 100ml 混匀,密塞贮存于玻璃瓶中,备用。该贮备液可保存半年。

取 30ml 滴瓶若干,分别盛上述溶液 20ml,供紫外分光光度法测定时使用。

(2)测定方法:精密称取芦丁 10mg 于 100ml 容量瓶中,加甲醇溶解,并稀释至刻度,摇匀。从中吸取 5ml 于 50ml 容量瓶中,用甲醇稀释至刻度(20μg/ml),摇匀备用。

甲醇光谱:取样品溶液置石英杯中,在 200~550nm 进行扫描,重复一次,观察紫外光谱。

甲醇钠光谱:取样品溶液置石英杯中,加入 3 滴甲醇钠溶液后,立即测定“样品+甲醇钠”溶液的紫外光谱,过 5 分钟后重新测定一次,以核对黄酮类化合物的分解情况。

三氯化铝光谱:在置有样品溶液的石英杯中,加入 6 滴三氯化铝贮备液,一分钟后测定“样品+三氯化铝”溶液的紫外光谱。然后加 3 滴盐酸溶液,立即测定“样品+三氯化铝/盐酸”溶液的紫外光谱。

醋酸钠光谱:取样品溶液 2~3ml,加入粉碎的无水醋酸钠,振摇,至比色杯底约有 2 mm 醋酸钠时,立即测定“样品+醋酸钠”溶液的紫外光谱;5 分钟后做第二次测定,观察样品分解情况。

根据测定结果试解析光谱并初步判断其结构,并说明理由。

注意事项

[1]硼砂能与芦丁的邻二羟基结合,使其不被氧化破坏,起到保护作用。另外提取时加入硼砂,能提高产品质量。

[2]加入石灰乳既可达到碱溶解提取芦丁的目的,又可除去槐花米中大量的多糖类粘液质,但 pH 不能过高,否则钙能与芦丁形成难溶的螯合物而析出,煮沸时间不可过长,因其可导致芦丁的降解。

[3]粗称得到的沉淀,按照芦丁:水(1∶200)加蒸馏水,进行重结晶。

[4]在样品溶液中加入 2%ZrOCl$_2$ 的乙醇溶液后,如溶液呈黄色,表示可能有 C$_3$-OH 或 C$_5$-OH;

如再加入 2%柠檬酸乙醇溶液,黄色不褪示有 C_3-OH;如黄色褪去,加水稀释后转为无色,示无 C_3-OH,但有 C_5-OH。

十、蛋黄中提取卵磷脂

实验目的

1. 掌握自蛋黄中提取分离卵磷脂的方法
2. 掌握卵磷脂的结构和性质

器材

研钵	布氏漏斗
抽滤瓶	蒸发皿
棉花	大试管

药品和试剂

熟鸡蛋黄	95%乙醇
氯仿	丙酮
20%NaOH 溶液	硝酸
10%醋酸铅	10g/L$CuSO_4$ 溶液
碘化铋钾	钼酸铵
氨基萘酚磺酸	

实验原理

卵磷脂是甘油磷脂,广泛存在于动植物中,在植物种子和动物的脑、神经组织、肝脏、肾上腺以及红细胞中含量最多。蛋黄中卵磷脂含量丰富,高达 8%。蛋黄中除含有卵磷脂外,还含有水(50%)、蛋白质(20%)、脂肪(20%)及少量脑磷脂等。蛋黄中的各组分在不同溶剂中溶解性如表 5-10-1。

表 5-10-1 蛋黄中的各组分在不同溶剂中溶解性

溶剂	蛋白质	脂肪	卵磷脂	脑磷脂
乙醇	难溶	溶	溶	难溶
氯仿	难溶	溶	溶	溶
丙酮	难溶	溶	难溶	难溶

可根据卵磷脂溶于乙醇、氯仿而难溶于丙酮的性质,从蛋黄中分离纯化卵磷脂,其分离提取的流程如下图:

新提取的卵磷脂为白色,当与空气接触后,其所含不饱和脂肪酸会被氧化而使卵磷脂呈黄褐色。卵磷脂可在碱性溶液中加热水解,得到甘油、脂肪酸、磷酸和胆碱,可从水解液中检查出这些组分。

实验内容

1. 卵磷脂的提取 取熟鸡蛋黄一只,于研钵中研细,先加入 10ml 95%乙醇,研磨,再加入 10ml 95%乙醇充分研磨,减压过滤,布氏漏斗上的滤渣经充分挤压滤干后,移入研钵。滤渣加 10ml 95% 乙醇研磨,减压过滤,滤干后,合并二次滤液。如滤液混浊,可再过滤一次[1],将澄清滤液移入蒸发

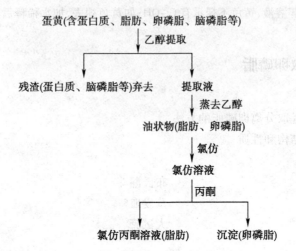

皿内。蒸发皿置于沸水浴上蒸去乙醇[2],得到黄色油状物。冷却后,加入 5ml 氯仿[3],搅拌使油状物完全溶解。搅拌下慢慢加入 15ml 丙酮,搅拌,使卵磷脂析出[4],抽滤,得固体物卵磷脂,供以下实验使用。

2. 卵磷脂的水解及其组成鉴定

(1)水解:取一支大试管,加入提取的一半量的卵磷脂,5ml 20%氢氧化钠溶液,放入沸水浴中加热 10 分钟[5],玻棒搅拌,冷却后,在玻璃漏斗中用棉花过滤。滤液供下面检查用。

(2)检查

脂肪酸的检查:取卵磷脂沉淀少许,加 1 滴 20%氢氧化钠溶液与 5ml 水,用玻棒搅拌使其溶解,棉花过滤,滤液以硝酸酸化[6],加入 10%醋酸铅 2 滴,观察溶液的变化。

甘油的检查 取试管一支,加入 10g/L 硫酸铜溶液 1ml,2 滴 20%氢氧化钠溶液,振摇,有氢氧化铜沉淀生成,加入 1ml 水解液振摇,观察结果[7]。

胆碱的检查 取水解液 1ml,滴加硫酸使其酸化(石蕊试纸检查),加 1 滴碘化铋钾溶液,有砖红色沉淀生成。

磷酸的检查 取试管一支,加 10 滴水解液,滴加硫酸使其酸化,5 滴钼酸铵试剂,20 滴氨基萘酚磺酸溶液,振摇后,水浴加热,观察颜色的变化[8]。

注意事项

[1] 减压过滤的滤液放置后,混浊,需合并滤液,以原布氏漏斗(不换滤纸)反复抽滤。

[2] 残留物中有少许水分,需搅拌加速蒸发。

[3] 使蒸发皿壁上沾的油状物溶于氯仿。

[4] 析出的卵磷脂黏附于玻棒上,成团状。

[5] 加热会促使胆碱分解,产生三甲胺的臭味。

[6] 加硝酸酸化,脂肪酸析出,溶液变混浊,加醋酸铅有脂肪酸铅盐生成,混浊增强。

[7] 生成的氢氧化铜沉淀,因水解液中的甘油与之反应,生成甘油铜,沉淀溶解。

[8] 钼酸铵经硫酸酸化为钼酸,它与磷酸结合为磷钼酸,磷钼酸再与还原剂氨基萘酚磺酸作用,生成蓝色钼的氧化物。

(王 津 陆 阳)

第六章

综合性实验与绿色化学

一、茶叶中提取咖啡因

实验目的

1. 了解从植物中提取天然有机化合物及其纯化的方法
2. 熟悉索氏提取器的原理及使用方法
3. 掌握升华的原理及操作方法

器材

索氏(Soxhlet)提取器	玻璃漏斗
蒸发皿	温度计
150ml 圆底烧瓶	石棉网
常压蒸馏装置	酒精灯
电热套	铁三角架

药品和试剂

茶叶	95%乙醇
生石灰粉	

实验原理

咖啡因(caffeine)又称咖啡碱是茶叶中主要的生物碱,含量约 1%～5%,具有兴奋中枢神经系统、心脏,松弛平滑肌和利尿等作用。它是止痛药复方阿司匹林——APC(即阿司匹林—非那西汀—咖啡因)的一个组分。咖啡因(1,3,7-三甲基-2,6-二氧嘌呤)的结构式如下:

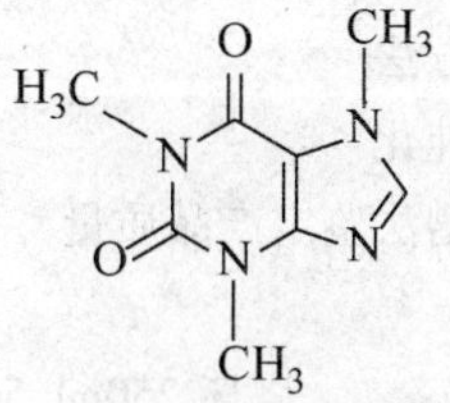

咖啡因

咖啡因是弱碱性化合物,味苦,能溶于水、乙醇、氯仿。无水咖啡因的熔点为 238℃。含结晶水的咖啡因为无色针状结晶,在 100℃时失去结晶水并且开始升华,120℃时升华显著,178℃时升华最快,可用升华法提纯咖啡因粗品。

在茶叶中,咖啡因常与有机酸、丹宁等结合成盐,而咖啡因盐可溶于水或醇中,因此从茶叶中提取咖啡因,可在索氏提取器中用乙醇连续提取,再经浓缩、中和、升华,得到咖啡因纯品。

实验内容

1. 咖啡因的提取　称取 10g 茶叶装入滤纸筒内[1],放入索氏提取器中,在 250ml 圆底烧瓶中加入 150ml 95% 乙醇及 1~2 粒沸石,电热套或水浴加热回流提取 30~60 分钟[2]。待冷凝液刚刚虹吸下去时,即可停止加热。稍冷却后,改成蒸馏装置进行常压蒸馏,蒸出提取液中大部分乙醇后[3],得浓缩液,趁热把瓶中浓缩液倒入蒸发皿中,用少量回收的乙醇洗涤圆底烧瓶,一并倒入蒸发皿中,供升华法提纯咖啡因使用。

2. 升华法提纯咖啡因　浓缩液中加入 3~4g 生石灰粉[4],搅成浆状,在蒸气浴上蒸干,然后移至石棉网上用酒精灯小火加热,焙炒片刻使成粉状,务使水分全部除去。冷却后,用滤纸擦去沾在蒸发皿边上的粉末,以免在升华过程中污染产物。

将一张刺有许多小孔的且孔刺向上的圆形滤纸盖在蒸发皿上[5],取一只大小合适的玻璃漏斗罩于其上,漏斗颈部疏松地塞一团棉花。用电热套或砂浴小心加热蒸发皿,缓慢升高温度,使咖啡因升华。在 120℃ 时升华相当明显,178℃ 时升华加快。注意整个升华过程始终用小火加热[6]。当滤纸小孔周围出现白色针状结晶时停止加热。冷却至 100℃ 左右,揭开漏斗,小心取下滤纸,仔细将附在滤纸上及蒸发皿边缘的白色结晶刮下。残渣经搅拌后,重新放好用过的滤纸及漏斗,用较大的火加热片刻,使升华完全。合并两次所得的咖啡因,称重,测定熔点。

注意事项

[1] 滤纸套筒大小要合适,高度不要超过虹吸管。纸套上面折成凹形或上口盖脱脂棉,以免茶叶末掉出滤纸套筒而堵塞虹吸管。

[2] 如果实验时间充裕,可回流至提取液颜色很淡时。

[3] 瓶中乙醇不可完全蒸干,否则残留物转移损失较大。

[4] 生石灰起吸水和中和作用,以除去部分酸性杂质。天然生物碱一般以盐的形式存在,需转变为游离碱,后者易升华。

[5] 蒸发皿上覆盖刺有小孔的滤纸是为了避免已升华的咖啡因回落入蒸发皿中,纸上的小孔应保证蒸气通过。漏斗颈塞棉花,为防止咖啡因随蒸气逸出。

[6] 在升华过程中必须始终严格控制加热温度,温度太高,将导致被烘物和滤纸炭化,一些有色物质也会被带出来,影响产品的质和量。进行再升华时,加热温度亦应严格控制。

二、乙酰水杨酸的制备和含量测定

实验目的

1. 掌握乙酰水杨酸的制备原理和方法
2. 熟练运用重结晶技术将粗产品纯化
3. 熟练运用熔点测定法和紫外光谱法鉴定产品质量

器材

圆底烧瓶 125ml	烧杯 250ml,50ml
量筒 50ml,10ml	吸滤瓶 250ml
容量瓶 100ml	刻度吸管 10.0ml
布氏漏斗	表面皿

玻棒	温度计 150℃，200℃
Thiele 熔点测定管	台秤
长玻璃管	Kofler 熔点仪
毛细管	电子天平
橡皮圈	紫外分光光度计
滤纸	

药品和试剂

水杨酸	乙酐
浓硫酸	乙醇
0.1%三氯化铁溶液	液体石蜡

实验原理

乙酰水杨酸又称阿司匹林，为常用解热镇痛药。乙酰水杨酸的制备通常是以水杨酸为原料，将其羟基乙酰化而得到。常用的乙酰化试剂为乙酐，也可以采用乙酰氯。为了加速反应的进行，常加入少量的浓硫酸作为催化剂。

乙酰水杨酸易溶于乙醇、乙醚和氯仿，微溶于水。本实验采用乙醇-水混合溶剂重结晶法提纯。乙酰水杨酸分子中有苯环，在近紫外光区产生吸收，因此可用紫外分光光度法测定其含量。

实验内容

1. 乙酰水杨酸的制备　在 100ml 干燥的锥形瓶中[1]，加入 6.3g 水杨酸和 9ml 乙酸酐，然后加入 8~10 滴浓硫酸[2]，充分摇动，在 75~80℃水浴中加热反应 20 分钟（并不断旋摇锥形瓶直至水杨酸全部溶解）[3]。反应结束后取出锥形瓶，往锥形瓶中加入 50ml 蒸馏水，并用冰水冷却，至白色结晶充分析出（如晶体难以析出，可以用玻棒摩擦瓶壁促使结晶形成）。抽滤，并用少量蒸馏水洗涤滤饼，抽干，即得粗制的乙酰水杨酸。

将粗制的乙酰水杨酸放入干燥的 50ml 烧杯中，加入 10ml 乙醇，在水浴中加热，使其溶解，再加入 30ml 水，自然冷却到室温，再用冰水浴冷却，使结晶析出完全。抽滤，少量冰水洗涤滤饼，抽干，将漏斗中的乙酰水杨酸晶体移至干净的表面皿，回火干燥约 15 分钟，称重。

取少量晶体溶于 10 滴乙醇中，加入 0.1%三氯化铁溶液 2 滴，观察有无颜色反应，以确定产物中是否有水杨酸存在[4]。

Kofler 熔点仪测定乙酰水杨酸的熔点[5]。纯乙酰水杨酸为白色针状或片状晶体，熔点 135℃。

2. 紫外分光光度法测定产物中乙酰水杨酸含量　精密称取 0.1000g 乙酰水杨酸标准品于 100ml 容量瓶中，加入 50%乙醇 20ml，温热使之溶解。待溶液冷却后，加蒸馏水至刻度，得到原始标准储备液。

精密量取 4.0ml、6.0ml、8.0ml、10.0ml、12.0ml 标准液于 5 只 100ml 容量瓶中，用蒸馏水定容至刻度，计算各标准溶液的浓度 c(mg/ml)。

用紫外分光光度计在 250~350nm 范围内测定任一标准溶液的紫外吸收光谱，确定最大吸收波长（λ_max）。在 λ_max 处测定 5 个标准溶液的吸光度 A，绘制 c-A 标准曲线，并给出一元线性回归方程。

精密称取本实验合成的乙酰水杨酸 0.1000g，加 20ml 50% 乙醇溶液温热溶解，转移到 100ml 容量瓶中，用蒸馏水稀释到刻度。精密量取 8.0ml 上述溶液至 100ml 容量瓶中，用蒸馏水稀释至刻度。以此稀释液为试样，测试其在 λ_max 的吸光度值。由标准曲线计算出样品中乙酰水杨酸的含量。

注意事项

[1] 本反应仪器要全部干燥。

[2] 乙酸酐和浓硫酸具有很强的腐蚀性，使用时必须小心，如溅到皮肤上，应立即用水冲洗。

[3] 反应温度不宜过高，否则将发生以下生成水杨酰水杨酸的副反应。

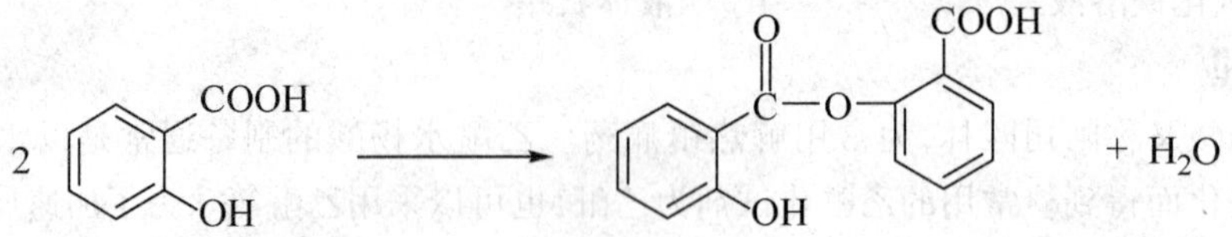

[4] 粗产品中往往混有少量未反应的水杨酸，利用酚类化合物与三氯化铁溶液发生显色反应可检测水杨酸的存在。重结晶可除去水杨酸及其他杂质。

[5] 乙酰水杨酸受热易分解，分解温度为 128～135℃，测定熔点时，应将加热载体（液体石蜡）加热至 120℃ 左右，然后放入样品测定，一般在 135℃ 左右。

三、八角茴香的水蒸气蒸馏及其有效成分的鉴定

实验目的

1. 掌握水蒸气蒸馏的原理和实验操作技能

2. 掌握薄层色谱的原理和实验操作技能

3. 巩固液-液提取的操作方法

器材

圆底长颈烧瓶 250ml	圆底短颈烧瓶 250ml
直形冷凝管	锥形瓶 250ml
T 形管	玻璃弯管
长玻璃管	接引管
分液漏斗	层析缸
紫外灯	层析板（铝板）
量筒	

药品和试剂

八角	乙酸乙酯
石油醚	茴香醛
茴香烯	

实验原理

八角茴香，正名为八角，内含黄酮类化合物及挥发油等。其中，茴香醛及茴香烯是与水不混溶的挥发性物质，可通过水蒸气蒸馏方法进行分离。由于其含量较少，直接使用分液漏斗进行两相分离存在一定困难，故采用乙酸乙酯进行萃取后再通过薄层色谱法对其成分进行鉴定。

茴香醛的结构式为 H₃CO—⟨苯环⟩—CHO,无色或淡黄色液体,遇冷时能固化,有像栀子或类似山楂的香气。熔点 2.5℃,沸点 246~248℃,在水中溶解度为 0.3%,微溶于丙二醇、甘油。溶于大多数有机溶剂。

茴香烯的结构式为 H₃CO—⟨苯环⟩—CH=CH—CH₃ ,白色晶体,23℃ 以上时为无色或极微黄色液体。呈茴香似香气,有甜味。遇光、热、空气易变质。用 $KMnO_4$ 氧化,生成对大茴香酸(熔点 184℃)。凝固点 21~22℃,熔点 22.5~23℃,沸点 234℃。溶于乙醇和油类,微溶于水,混溶于氯仿和乙醚,几不溶于甘油和丙二醇。

化合物的比移值随吸附剂、展开剂、薄层厚度及均匀度和温度等不同而异,但在一定条件下每一种化合物的比移值都为一个特定的数值。故在相同条件下分别测定已知和未知化合物的比移值,再进行对照,即可对未知化合物鉴别。

实验内容

1. 水蒸气蒸馏 取 250ml 长颈圆底烧瓶 A 作为蒸气发生器,玻璃弯管上端插入约 60~80cm长的玻璃管,作为安全管,管端几乎伸到烧瓶底部(这样当烧瓶内部压力增大时,可使水沿安全管上升以调节内压),另一孔插入一蒸气导管。导管与 T 形管相连,T 形管接一橡皮管,并夹以螺旋夹。另取一 250ml 短颈圆底烧瓶 B,并通过 T 形管与烧瓶 A 相连,烧瓶 B 连接的弯形蒸气导管与冷凝管相连,冷凝管的下侧通过接液管与一锥形瓶相连,以收集馏液[1]。

装置完毕后,称取茴香 5g(约 5 颗),研碎后加入烧瓶 B 中,若进气口不能插到烧瓶底部,可加入适量水(约 20ml)。在圆底烧瓶 A 中加水不应超过烧瓶容量的 3/4,然后将塞子塞好,开始将圆底烧瓶 A 加热,当水沸腾时,立即关闭 T 形管的螺旋夹使蒸气经导管通入烧瓶 B 中而进行蒸馏[2,3]。

收集馏出液 40ml~50ml。停止蒸馏,蒸馏停止时应先打开 T 形管的螺旋夹或将蒸气发生瓶的瓶塞打开,然后关闭电热套开关。

2. 浓缩提取 将馏出液加入分液漏斗,加入 10ml 乙酸乙酯萃取,分离水层(下层),保留上层有机层。

3. 薄层色谱展开 展开剂(石油醚 v∶乙酸乙酯 v=5∶1)适量(约 5ml)倒入层析缸中,盖上瓶盖,轻轻摇动几次,静置 2 分钟,使展开瓶内充满饱和展开剂蒸气。

用铅笔在层析板(铝板)距离上端 0.5cm 划一条直线。在距离铝板下端 0.5cm 处也画一直线(作为原点线),平行间隔画 3 个原点,分别设为 1,2,3;然后分别在 1,2 原点上点取标准样品 1 和标准样品 2,在 3 原点上点取分液漏斗上层提取液,待有机溶剂挥发。

用镊子夹住铝板上端轻放置于层析缸内(有机溶剂不能没过原点),铝板上端靠在玻璃瓶壁上。待溶剂达到铝板上端线时,用镊子夹出铝板,待溶剂挥发干后,置于紫外灯 254nm 光处,观察色点。用铅笔标出荧光点。

用直尺量取距离,计算各色点的比移值。与标准品对照,确认提取液中的成分。

标准品 1:茴香醛 H₃CO—⟨苯环⟩—CHO

标准品 2:茴香烯 H₃CO—⟨苯环⟩—CH=CH—CH₃

注意事项

[1] 通过水蒸气发生器安全管中水面的高低,可以观察到整个水蒸气蒸馏系统是否畅通,若水面上升很高,则说明某一部分阻塞住了,这时应立即旋开螺旋夹,移去热源,拆下装置进行检查(一般多数是水蒸气导入管下管被树脂状物质或者焦油状物堵塞)和处理。否则,就有可能发生塞子冲出、液体飞溅的危险。

[2] 如由于水蒸气的冷凝而使烧瓶内液体量增加,以至超过容积的 2/3 时,或者蒸馏速度不快时,可在烧瓶(B 瓶)下置一石棉网,小火加热。但要注意不能使烧瓶内产生崩跳现象,蒸馏速度控制在每秒 2~3 滴为宜。

[3] 如果随水蒸气蒸馏出的物质具有较高的熔点,在冷凝后易析出固体,则应调小冷凝水的流速,使馏出物冷凝后仍保持液态。假若已有固体析出,并阻塞冷凝管时,可暂时终止冷凝水的流通,甚至暂时放去夹套内的冷凝水,以使凝固的物质熔融后随水流入接收器内。

四、微波辐射合成苯并咪唑-2-硫

实验目的

1. 学习绿色化学的概念,学习微波催化反应的实验操作。

2. 巩固重结晶的操作。

器材

烧杯 150ml	量筒
分液漏斗	抽滤装置
普通漏斗	布氏漏斗、抽滤瓶
天平	

药品和试剂

邻苯二胺	硫脲
多聚磷酸	1mol/L 氢氧化钠溶液
无水乙醇	活性炭

实验原理

苯并咪唑及其衍生物具有广泛的生物活性,在高性能复合材料、金属防腐蚀、感光材料、生物医药等诸多领域显示出独特的性能。传统合成方法通常需要较高的压力或较长的反应时间,使其应用受到了一定的限制,本实验用多聚磷酸(PPA)作催化剂,在无溶剂条件下,采用微波辐射法来合成苯并咪唑-2-硫。微波合成操作简便、反应时间短且污染少,符合绿色化学的要求。反应式如下:

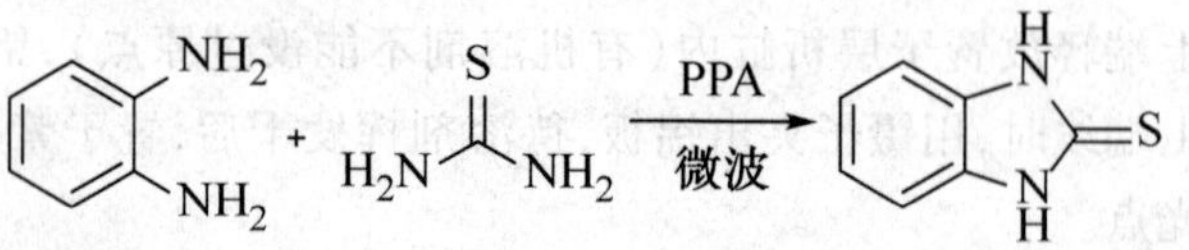

实验内容

在 150ml 的烧杯中加入 2.2g(20mmol)的邻苯二胺,3g(40mmol)的硫脲,然后加入 10ml 的多聚磷酸,搅拌均匀后放入微波炉内,先在 126W 的微波功率下照射 2 分钟,待反应物充分溶解后,再间歇式照射 1~3 次,每次 2 分钟[1],将反应液冷却至室温后倒入 30ml 冰水中,用 1M 的 NaOH 溶液调节 pH=10,冰水冷却,抽滤,少量冰水洗涤,抽干,固体用体积浓度为 70% 的乙醇重结晶,干燥得到目标产物,称重,计算产率。所得产物测熔点并进行红外光谱分析[2]。苯并咪唑-2-硫的熔点 308~310℃。

注意事项

[1] 本实验的主次影响因素依次为:微波功率>催化剂用量>反应的配比>反应的时间。最优化工艺条件为:邻苯二胺与硫脲的摩尔比为 1:2,微波功率为 126W,照射时间为 6 分钟。

[2] 目标产物苯并咪唑-2-硫的红外谱图分析:$3144cm^{-1}$ 和 $3107cm^{-1}$ 附近的强尖峰是胺的 N-H;$1675cm^{-1}$ 处的小尖峰是伯胺的 N-H 的弯曲振动峰;$1624cm^{-1}$、$1513cm^{-1}$、$1462cm^{-1}$ 处的一组峰是苯环的骨架伸缩振动峰;$1267cm^{-1}$ 处的尖峰为胺的 C-N 键伸缩振动峰;$1179cm^{-1}$ 处的尖峰为 C=S 的伸缩振动峰;$738cm^{-1}$ 处的强吸收尖峰说明产物有苯环邻二取代的结构;$659cm^{-1}$ 处的尖峰为芳环=C-H 的面外弯曲振动吸收峰。

思考题

1. 请介绍微波加热促进反应的原理?

五、环己烯的绿色合成

实验目的

1. 学习环己烯合成反应的实验操作,树立绿色化学理念

2. 巩固盐析和蒸馏的操作

器材

圆底烧瓶 100ml	量筒
刺形分馏柱	锥形瓶 50ml
分液漏斗	普通蒸馏装置
普通漏斗	滤纸
温度计	沸石
电热套	

药品和试剂

环己醇	三氯化铁
饱和氯化钠溶液	无水氯化钙

实验原理

环己烯是一种用途十分广泛的精细化工产品,实验室通常是采用浓硫酸或浓磷酸脱水制备环己烯,但硫酸腐蚀性强,炭化严重,副产物多,收率不高,而且实验后产生的残渣和残液对环境也有很大影响。本实验采用"绿色催化剂"三氯化铁催化环己醇脱水制备环己烯。反应式如下:

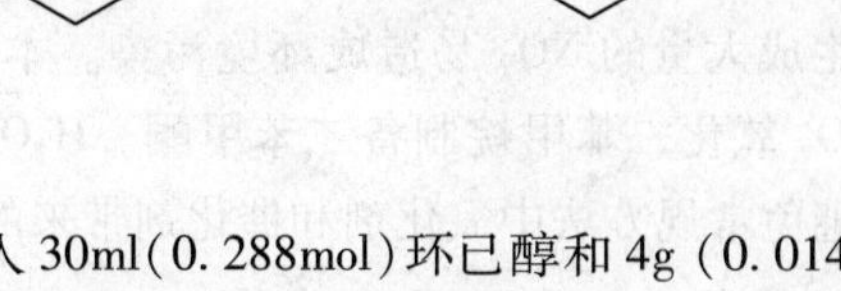

实验内容

向 100ml 圆底烧瓶中,加入 30ml(0.288mol)环己醇和 4g(0.0144mol)$FeCl_3 \cdot 6H_2O$ 及 1~2 粒沸石,圆底烧瓶上接刺形分馏柱,柱顶装上一支 150℃的温度计,分馏柱支口依次接直形冷凝管、接引管和 50ml 锥形瓶。开冷凝水,用电热套加热,同时开动磁力搅拌。边加热反应边蒸馏收集产物,控制馏出速度每 2~3 秒一滴(馏分为环己烯和水的混合液体),分馏柱顶部温度不超过 90℃[1],直

到无馏分馏出（约需 60~80 分钟），停止加热。

将馏出液倒入洁净的分液漏斗中，静置分出下面水层，油层用等体积的饱和氯化钠溶液洗涤，然后用适量的无水氯化钙干燥（静置 20 分钟），过滤，蒸馏收集 81~83℃的馏分。称重，计算产率。纯环己烯为无色液体，沸点 83℃。

注意事项

[1] 环己醇和水形成共沸物的沸点为 97.8℃，应控制分馏柱顶部温度不超过 90℃以避免环己醇被蒸出。

思考题

1. 为什么要用刺型分馏柱？
2. 油层为什么要用饱和氯化钠溶液洗涤？

六、二苯甲酮的绿色合成

实验目的

1. 学习绿色化学的概念、微波反应的实验操作
2. 巩固旋转蒸发和重结晶的操作

器材

两口烧瓶 100ml	量筒
分液漏斗	普通蒸馏装置（或旋转蒸发仪）
普通漏斗	抽滤装置

药品和试剂

冰醋酸	乙醇
氢氧化钠	三氯化铁
二苯甲烷	$H_2O_2[\omega(H_2O_2)$ 为 30%$]$
醋酸铁[1]	石油醚

实验原理

二苯甲酮（benzophenone，BP）又名苯酮、二苯酮及苯甲酰苯，产品为白色有光泽的菱形晶体，有甜味，具有玫瑰香味，能升华，不溶于水，溶于乙醇，乙醚和氯仿。该品主要有两种晶态：α 型为棱形晶体，β 型为不稳定的单斜晶体，β 型晶体能自行转变为 α 型晶体。二苯甲酮是有机合成的重要中间体，广泛应用于有机涂料、医药、香料和杀虫剂的制造。作为光引发剂和紫外线吸收剂使用，可以制作光敏涂料及感光树脂版。医药工业中常用于生产双环己哌啶、苯甲托品氢溴酸盐和苯海拉明盐酸盐。在香料工业中常被用作定香剂，还作为许多香水和香精的原料。

二苯甲酮的合成方法主要有光气法、脱羧法、苯与四氯化碳缩合法、苯与苯甲酰氯缩合法和二苯甲烷（DPM）氧化法等。工业上一般以 DPM 经过硝酸氧化来生产二苯甲酮，由于使用浓硝酸做氧化剂，反应温度较高，且硝酸分解生成大量的 NO_x 易造成环境污染。本实验以醋酸铁为催化剂，微波辐射下，采用"绿色氧化剂" H_2O_2 氧化二苯甲烷制备二苯甲酮。H_2O_2 提供一个氧，自身变成水，反应的后处理简单，可以很好地避免常规方法中氧化剂和催化剂带来的环境污染。反应式如下：

实验内容

在 100ml 两口烧瓶中加入 0.51g（3mmol）二苯甲烷，15ml H_2O_2（30%）和醋酸铁催化剂 0.067g [1.2mmol Fe(Ac)$_3$] 及 30ml 冰醋酸，烧瓶侧口插入热电偶，正口接上两通，使出口引致微波炉外，接上回流冷凝管。预设微波炉温度为 118℃，在微波辐射下回流反应 30~40 分钟，反应混合物过滤除去醋酸铁[2]。然后用旋转蒸发仪在减压下蒸出滤液中的溶剂，产物冷却后即得固体。粗产物可用石油醚（60~90℃）重结晶。干燥后称重，测熔点，计算产率。

纯二苯甲酮熔点为 48.50℃。

注意事项

[1] 醋酸铁[Fe(Ac)$_3$]的制备：用略过量的 NaOH 配成 60% 的水溶液，然后与 $FeCl_3$ 反应得到 $Fe(OH)_3$，用蒸馏水反复洗涤后将 $Fe(OH)_3$ 加入略过量的 HAc 水溶液中，充分反应后将液体蒸出，对剩余固体进行真空干燥，得到 $Fe(OH)_3$。

[2] 双氧水氧化法中，不能使用明火，除了使用微波反应装置外，也可使用电热套或油浴加热。H_2O_2 的用量需要大大过量才能使收率较高。

思考题

1. 为什么说 H_2O_2 是绿色氧化剂？

七、有机化合物的结构鉴定

目的要求

1. 系统复习有机化学实验的基本知识和基本操作

2. 掌握初步的有机分析实验方法，完成对未知样品的结构鉴定

3. 提高综合分析和实际操作能力

实验内容

1. 观察样品形状，颜色。

2. 溶解性实验　准确称取少量样品（固体样品应先研细）置于试管中，加入一定量的溶剂，在 25℃±2℃ 下，每隔 5 分钟振摇试管 30 秒钟，30 分钟内观察溶解情况。

溶解……指 1 份溶质能溶解于 10~30 份溶剂内。

略溶……指 1 份溶质能溶解于 30~100 份溶剂内。

微溶……指 1 份溶质能溶解于 100~1000 份溶剂内。

3. 酸碱性试验　取样品的水溶液，用石蕊试纸试验。能使蓝色石蕊试纸变红的为酸性物质，能使红色石蕊试纸变蓝的为碱性物质。

4. 元素定性分析

（1）取固体样品进行钠熔，并进行 N、S、X 元素的检验。方法参见化学性质实验一。

（2）用焰色法对样品（固体或液体）进行卤素的检验。方法参见化学性质实验一。

5. 物理常数测定

（1）固体样品用毛细管法测定其熔点。方法参见物理常数测定实验一。

（2）液体样品用微量法测定其沸点。方法参见物理常数测定实验一。

（3）用阿贝折光仪测定液体样品的折光率，并进行温度校正，方法参见物理常数测定实验二。

6. 根据测得的物理常数，查阅有机化合物物理常数表（参见附录二），初步定出样品可能为哪几种化合物，并据此设计化学分析（鉴别官能团）的方法。

7. 按设计的化学分析方法,逐项进行官能团的鉴别试验。方法参见化学性质实验二~五。

8. 解析该样品的 IR 和 NMR 谱。

9. 根据上述各项实验结果和光谱数据,推测该样品的结构式。

10. 记录各项实验结果,写出完整的实验报告。

（杨若林　余　瑜）

附 录

附录一 实验室常用有机试剂的物理常数

试剂	分子量	密度	熔点(℃)	沸点(℃)	折光率
乙醇	46.07	0.7893	−117.3	78.4	1.3614
甲苯	92.14	0.8650	−95	110.6	1.4967
苯	78.11	0.8790	5.5	80.1	1.5011
乙酸	60.05	1.0490	15.7	118	1.3718
乙醚	74.12	0.7135	−116.2	34.5	1.3526
丙酮	58.08	0.7898	−94.6	56.5	1.3590
苯胺	93.13	1.0210	−6.2	184.4	1.5863
乙酸乙酯	88.12	0.9005	−83.6	77.1	1.3723
乙酰乙酸乙酯	130.14	1.0250	−45	180	1.1940
苯甲醛	106.12	1.0460	−26	179	1.5460
乙二醇	62.07	1.1132	−11.5	197.2	1.4306
甲醛	30.03	1.0900	−15	96	1.3765
乙腈	41.05	0.7860	−46	81~82	1.3440
乙醛	44.05	0.7850	−125	21	1.3320
四氢呋喃	72.11	0.8890	−108	65~67	1.4070
环氧氯丙烷	92.53	1.1830	−57	115~117	1.4380
二甲亚砜	78.13	1.1010	18.4	189	1.4790
丙三醇	92.09	1.2610	20	290	1.4740
苯酚	94.11	1.0710	40~42	182	1.5418
二氯亚砜	118.96	1.6300	−105	76	1.5190
正己烷	86.12	0.6590	−95	69	1.3750
乙酰氯	78.05	1.1040	−112	25	1.3890
N,N-二甲基甲酰胺	73.09	0.9487	−61	153	1.4304
氯仿	119.38	1.4890	−64	61	1.4458
四氯化碳	153.84	1.5940	−23	76.8	1.4601

附录二　试剂规格和适用范围

等级	名称	英文名称	符号	标签颜色	适用范围
一级品	优级纯（保证试剂）	Guarantee Reagent	G. R.	绿色	用于精密的科学研究和化学分析工作
二级品	分析纯	Analytical Reagent	A. R.	红色	用于一般的科学研究和化学分析工作
三级品	化学纯	Chemical pure	C. P.	蓝色	用于化学实验教学和工业分析工作
四级品	实验试剂	Laboratoria Reagent	L. R.	棕色或黄色	用于普通的制备实验

附录三　常用酸碱试剂的密度和浓度

试剂名称	化学式	相对分子质量	密度 $(\rho)(g \cdot ml^{-1})$	质量分数 $(\omega)(\%)$	物质量的浓度(c) $/(mol \cdot L^{-1})$
浓硫酸	H_2SO_4	98.08	1.84	96	18
浓盐酸	HCl	36.46	1.19	37	12
浓硝酸	HNO_3	63.01	1.42	70	16
浓磷酸	H_3PO_4	98.00	1.69	85	15
冰醋酸	CH_3COOH	60.05	1.05	99	17
高氯酸	$HClO_4$	100.46	1.67	70	12
浓氢氧化钠	NaOH	40.00	1.43	40	14
浓氨水	$NH_3 \cdot H_2O$	17.03	0.90	28	15

附录四　常用化学辞典、手册及网络信息资源

（一）化学辞典、手册

1. 周公度.化学辞典.2 版.北京:化学工业出版社,2011.

2. 姚虎卿.化工辞典,5 版.北京:化学工业出版社,2014.

3. 李华昌,符斌.实用化学手册.北京:化学工业出版社,2006.

4. John.A D.兰氏化学手册.2 版.魏俊发,译.北京:科学出版社,2003.

5. George W.G.有机化学手册.2 版.张书圣,译, 北京:化学工业出版社,2006.

6. Rhodes P H.The organic chemist's desk reference:a companion volume to the Dictionary of organic compounds,sixth edition.New York:Chapman & Hall,1995.

7. 余国琮.化学工程辞典.2 版.北京:化学工业出版社,2003.

（二）网络信息资源

1. 与化学及药学相关的虚拟图书馆的 URL 分别为:

（1）化学 http://www. chem. ucla. edu/chempointers. html

（2）药学 http://www. pharmacy. org/

2. 网上数据库

相当多的网上数据库仍需有偿登录,但越来越多的数据库,已经可以免费使用。如:

(1)国家科技图书文献中心:http://www.nstl.gov.cn/

(2)中科院化学专业数据库:

http://www.chemcpd.csdb.cn/scdb/main/about_us.htm

(3)上海化学化工数据中心的数据库存群 http://202.127.145.134

3. 文献的网上资源

(1)学术专著、大型工具书的利用

(2)NMR 网络版教科书:http://www.cis.rit.edu/htbooks/nmr/

(3)National Academy Press, Read Books Online Free:

http://www.nap.edu/about/availpdf.phtml

(4)500 多册生物医学免费图书目录:http://fb4d.com/

(5)全免费服务的医学文献指南:http://www.amedeo.com/

4. 中国专利文献检索

(1)中国知识产权局专利检索数据库:http://www.sipo.gov.cn/

(2)美国专利商标局 USPTO 网上专利检索数据库:

http://www.uspto.gov./patft/index.html

(3)欧洲专利局专利检索数据库:

该数据库的 URL:http://ep.espacenet.com/

(4)WIPO 网上专利检索数据库:

该数据库的 URL:http://www.wipo.int/

(5)JPL 网上专利数据库(英文版)

该数据库的 URL: http://www.ipdl.jpo.go.jpmepg_e.ipdl

5. 有机合成手册数据库: http://www.orgsyn.org/

6. Sadtler 光谱资料库: http://www.jetting.com.cn/Bio-Rad/Sadtler/SadtlerDB_Index.html

（李柱来）